林肯传

Abraham Lincoln

〔美〕詹姆斯·鲍德温／著

王水／译

文匯出版社

图书在版编目（CIP）数据

林肯传／〔美〕鲍德温（Baldwin，J.）著；王水译．上海：文汇出版社，2010.7

（图文经典）

ISBN 978-7-80741-510-7

Ⅰ.林… Ⅱ.①鲍…②王… Ⅲ.林肯，A.（1809～1865）-传记 Ⅳ.K837.127=41

中国版本图书馆CIP数据核字（2009）第127918号

林肯传

作　　者／〔美〕詹姆斯·鲍德温

责任编辑／竺振榕

装帧设计／Metis 灵动视线 TEL：010-85983452

出版发行／文匯出版社

上海市威海路755号

（邮政编码 200041）

经　　销／全国新华书店

印　　刷／北京燕泰美术制版印刷有限责任公司

版　　次／2010年7月第1版

印　　次／2010年7月第1版印刷

开　　本／710×1000　1/16

字　　数／244千字

印　　张／17.75

印　　数／1-15000

书　　号／ISBN 978-7-80741-510-7

定　　价／35.00元

致　读　者

呈现在你们面前的这本书的主人公亚伯拉罕·林肯，是位比神话传说中的英雄还要伟大的人。因为神话传说人物脸上总蒙着太多理想主义和虚构想象的面纱，而书中这位主人公却是活生生的人，他有过真实的生活，建立过真实的伟绩。

从来没有哪个美国人像他这样，被后人反复描写。关于林肯的作品多达几十甚至几百种，再没有可能为林肯添加新的事迹，那么我为什么还要再写一本呢?

我的回答是：虽然我所告诉你们的并不比别人的多，但我是用一种中学生都能理解的方法和语气来撰写的，尽量简化那些类似政治偏见、地域偏见等方面琐碎而烦人的细节描写，所以，这是一本适合做学校课外读物的作品。此外，这本书还简明扼要地回溯了美利坚合众国自成立之初到内战结束期间的历史，将这段历史时期中的主要政治运动、危机等事件，围绕林肯的一生用平白的言语表述出来。对你们这些学生来说，枯燥的政治历史事件如果变成以主人公为中心而讲述的一系列故事，则会变得趣味横生。

尽管那些历史往事早已不复存在，但前人的经验教训却如同灯塔之光引领并警示着你们——国家未来的管理者和立法者。未来还会有其他问题出现，还会有其他偏见引发不和谐，也还会有其他的错误理论给国家的安定和平带来麻烦。能否捍卫和拯救伟大的共和国，将取决于你们是否能真正无私地爱国。笔者满怀期待，希望本书能够激励你们的无私爱国之心。

詹姆斯·鲍德温

目　录

三十三岁这年，他娶了玛丽·托德……林肯先生从最为卑微的境况下出人头地，取得受同伴们尊敬的地位。在律师行业他也不断取得成功；他还因政治上有所作为而受人瞩目，但他那时仍是穷光蛋。而林肯夫人说：“我宁可嫁给一个有着成功潜力和光明未来的好人，也不愿嫁给在世上只有成群马匹、成片房屋和金银珠宝的人。”

第三部分　业　绩 / 193

“我们不是敌人，而是朋友。我们不能是敌人。尽管激动的情绪绷紧了我们之间感情的纽带，但这纽带决不会断裂。那一根根不可思议的记忆之弦，在这片辽阔的土地上，从每一个战场，每一个爱国志士的墓碑，延伸到每一颗跳动的心和每一个家庭，它终有一天会被我们的良知所触动，再次奏出一曲联邦交响曲。”

序曲

正当两个男孩子应付冒着浓烟的木堆时，突然听到尖厉的枪声。他们向空地另一边望去，发现他们的父亲倒在了地上，小弟弟托马斯站在旁边，恐慌哭叫。一团团模糊的烟正从森林边缘处的灌木丛中升起。

7月4日是美国激动人心的国庆日。在这个纪念日，无论境况如何，我们总能意识到自己是美国人，我们拥有一个伟大的国家，一个我们需抱之以自豪和忠诚的国家。我们还会想到，这个国家是一片自由的乐土，她能有今天，是因为曾经有无数的英雄和智者为之艰辛付出。他们曾经生活于斯，并在那些我们不了解的领域和境况中付出了生命。在7月4日这个时刻，我们应想到所有的事件，因为这一天，是我们祖国的生日。

美国独立纪念碑

然而，曾经有些时期，生活在美国的人们没有资格宣称拥有属于自己的国家，因为那时，他们被大不列颠的国王和议会统治着。这些统治者们制定种种法律规章，而对北美拓居地人们的呼声置之不理。那些被称为美国拓荒先驱者的人们，也不认为这片土地是自由的，因为他们必须向英国国王缴纳赋税，但他们在尽义务后却没有得到相应的权利。每年的 7 月 4 日来了又去，但这一天和其他任何一天没有区别：没有国旗飘扬，没有枪声鸣礼，没有乐钟奏响，因为那时候美国还没有诞生。

但我们总算迎来了这一天，从这天起人们的种种权利不再被剥夺。那些有智慧、有胆量的卓越人士宣称：英国国王是个暴君，他不适合统治这片土地，这里的人民应该自己制定法律，自己选择统治者，因为这是人民的权利。我们生活的这片土地，应该是自由的、独立的。①

这个宣言的发起日是 1776 年 7 月 4 日。从那时起，历经岁月流逝，这一天作为美国国家诞生之日，激动人心，且被世人铭记。然而美国在发表《独立宣言》时，并没有真正取得独立权。之后我们又进行了长期的对英战争——即独立战争。到最后，英国国王和议会被迫承认这块土地是自由的。

通过这样的努力，人们赢得了自治权和立法权；通过这样的努力，他们为自己和后人赢得了所有人为之骄傲的自由。

* * * * *

不要想当然地认为我们的祖国从一开始就像现在这样富足强大。最初，它弱小而贫瘠，也不像现在这样拥有连

① 《独立宣言》中说：“我们认为下述真理是不言而喻的：人人生而平等，造物主赋予他们若干不可让与的权利，其中包括生存权、自由权和追求幸福的权利。为了保障这些权利，人们才在他们中间建立政府，而政府的正当权利，则是经被统治者同意授予的。”“当今大不列颠王国的历史，就是屡屡伤害和掠夺这些拓荒地的历史，其直接目标就是要在各州之上建立一个独裁暴政。”“我们这些联合起来的拓荒地现在是，而且按公理也应该是，独立自由的国家；我们取消对英国王室效忠的全部义务，我们与大不列颠王国之间的一切政治联系全部断绝，而且必须断绝。”这是人类历史上最伟大的政治宣言，它承认并保障人们追求“人权”、“自由”、“幸福”，它重新界定了政府和人民的关系，它为人类社会文明的发展方向点燃了火把。（注：全书如无特别说明，注释皆为译者所加。）

接不同海岸的广阔土地，那时它仅仅是从亚特兰大海湾到密西西比河的狭小地块。它仅仅有13个州，分散地定居着少量人口。那时，几乎所有的人都居住在阿勒格尼山脉以东。他们虽然生活差异不大，但彼此交往不多。最强大、最富裕的州是弗吉尼亚，它与西边的密西西比河遥遥相望。

最主要的广袤土地，位于阿勒格尼和密西西比之间，当时被绵延数百里的茂密的原始森林覆盖，尚是一片待开垦的未知的土地。在那些地方，有凶猛的野兽，还有野蛮的印第安人出没。要想深入那些地区，要么横穿纠缠交错的密林，要么沿俄亥俄河坐小船漂流而下，要么沿其北部的大湖区的海岸线进入，此外别无他路。仅有的这几条路都要经由水路，或者跨越野鹿和野牛四处出没的原始森林和大草原。

深深隐藏在原始森林中的河岸上，随处可见一座座小城堡或者贸易点，外面的世界对它们知之不多，甚至闻所未闻。偶尔有个别猎人，会来这些地方进行数个月的巡猎，然后回到东部，回到朋友之中，向他们绘声绘色地描述西部地区的肥沃和美丽。偶尔，一些商人会由俄亥俄地区返回，带回大批的皮革，也带回大量关于荒野之地冒险与逃生的故事。

人们做梦也不会想到，仅仅在不足一个世纪的时间内，这些未知的地区会变成今天的模样——数不清的农场，密布的繁荣城镇，几百万幸福之人的家乡。事实上，那时就有智者声称，未来几年，阿勒格尼山脉以东会出现大量住房，我们国家所有的拓荒者都居住其中。他们还说，阿勒格尼山脉以西的疆土将继续是一片荒蛮的、无人定居的猎场，甚至永远都不过如此。

* * * * *

但是，也有少数人不相信这些。他们曾听一些勇敢者讲过许多故事，认为俄亥俄的土地中掩藏着大笔财富，他们还相信那里很快会建立起新的州。在《独立宣言》发布一年前甚至几年前，从弗吉尼亚州到北卡罗来纳州有两个集中的拓居地，人们还在俄亥俄南部地区建起了美丽家园。

有一个群落主要是由男人们组成的，他们所围起的领地即是现在的哈洛兹柏格[①]。另一个群落主要由妇女和孩子们组成，由猎人丹尼尔·布恩[②]带领，他发现的拓荒点被命名为布恩斯博罗[③]。

那些令人崇敬的拓荒者们建立家乡的地方，原是无人定居的荒野，因它的印第安名字“肯塔基”[④]而得名。它位于人迹罕至的荒原中心——离最近的弗吉尼亚州有200多英里。它还是世界上最原始的地方之一：向东，背靠覆盖群山绵延无尽的大森林；但向西，在森林树丛间，是广阔开放的草地，没有树木的草场覆盖着茂密的劲草。成群的犎牛[⑤]，瞪视着这片野生草场，或者在林间出没；长着树枝状长角的巨大麋鹿，在森林边缘处觅食；胆怯的小鹿在隐秘的地方轻咬着牧草，寻找着树荫以遮阳蔽雨。那里还有一些比它们危险的动物——数量庞大的熊，成群的狼，神出鬼没的豹，还有数目众多、体型各异、胆子极大的猛兽。而树枝之上，千万只松鼠嬉戏玩耍，树林与草场中生活的鸟类似乎包罗了所有种类。

这里没有印第安人定居。但俄亥俄河畔的一些印第安部落，和那些住在东部、南部和西部的印第安人一样，每年都要派出他们的勇士到这里来。对他们来说，到这里来——为了打猎但不是定居——最常见的事，是次数众多并且惨烈的战斗，这些战斗在与敌人狭路相逢时不可避免地发生。

对布恩和他的朋友们来说，在那里定居是件需要胆量的事，因为每个印第安人都是他们的敌人。但他们决定留下来。他们在布恩斯博罗建起城堡，在城堡的荫护下还用圆木建成小木屋，每个家庭一个小屋。为保卫大家安全，他们还在四周将高大厚重的方木在地面高高竖起，并紧密

① 哈洛兹柏格，Harrodsburg，又译作哈洛兹堡，位于肯塔基州中部，是肯塔基州最古老的城市。

② 美国西拓期间最著名的边疆英雄。丹尼尔·布恩在18世纪60和70年代对当时的肯塔基荒原进行了勘探，是最早发现肯塔基州林地的人。据载，在一次探险旅行中，他在荒无人烟之地待了两年，用自己的钢铁之躯和高超技术一次又一次地战胜了变幻多端的自然对他构成的危险。

③ 布恩斯博罗堡位于弗吉尼亚、田纳西和肯塔基三州相交处。1775年，丹尼尔·布恩率领三十人开辟荒原大道，二十多万人经这条荒原大道来到西部。

④ 肯塔基，在印第安语中的意思为“草地”。闻名世界的快餐“肯德基”，即诞生于此。

⑤ 犎牛，昔日常见于北美的一种野牛，肩部长满鬃毛。

连接排列，建成坚固的围栅。做完这些，他们觉得能够抵御印第安人的任何进攻，保证自己的安全了，之后开始开辟林间小路，垦荒耕地，种植玉米。

不久，其他弗吉尼亚人和北卡罗来纳州人得知了他们的成功和业绩，也纷纷效仿。另一批拓荒聚居区开始形成，另一些城堡也陆续建成。但独立战争彻底结束之前，在世人的眼中，肯塔基仍然是新大陆以西很遥远的地方。它就像位于惊涛骇浪中心的小岛，通往它的道路处处涉险，尽管它本身美丽、富裕，但它带给那些拓荒者的，却是艰苦的劳作和物质的匮乏。因此，大多数冒险来这里寻找家园的人，都有不畏艰险的勇气，并都经受了困境的种种考验。

* * * * *

大约这一时期，弗吉尼亚州有个名叫亚伯拉罕·林肯的农夫。他是丹尼尔·布恩的好友之一，常听人提及西部林地中间的那些美丽的土地。他渴望去那里，因为他不但是个好农夫，还是个好猎人，再说，布恩也曾对他说，那里有各种猎物和富饶的土地。肯塔基当时隶属弗吉尼亚州，那里出售新领地土地的价格非常便宜，现在去那里谋生简直是空前绝后的良机。

所以，1776 年，当浩大的独立战争尚在进行时，亚伯拉罕·林肯卖掉了农场，独自离开弗吉尼亚，前往肯塔基寻找新的家园。在佛罗伊德支流[①]处，即今天路易斯维尔市[②]附近，林肯买下了四百亩地势低平而富饶的土地。在另一个地方，他买了八百亩林地，他还在别的地方又买下五百亩林地。然后，他返回弗吉尼亚接他的家人。

第二年，他和妻子儿女在佛罗伊德支流附近建起了安

① 佛罗伊德支流，密西西比河的支流。

② 路易斯维尔，是位于肯塔基州北部的城市。

签署独立宣言　约翰·杜伦巴尔

这是 1776 年，北美各殖民地代表在费城签署《独立宣言》时的情景。

全的居所，并着手把森林中的空地清理成农场。

印第安人开始前来滋事，拓荒者处境堪忧。这些印第安人对拓荒者充满愤慨，既因为他们以往打猎的地方被侵占了，还因为他们原先秉奉的自然法则也荡然无存。于是，他们想方设法要把这些白人赶出肯塔基。因此，考虑到安全问题和防范要求，林肯先生把小木屋修建在位于俄亥俄河的下游，离城堡——熊草城堡只有半英里的距离。他觉得印第安人不会再恐吓或者麻烦他。

* * * * *

三年时间悄悄逝去。这期间，独立战争结束，美英两国签订了和约，英国承认密密西西比河是联邦政府的最西的边界。数目庞大的人群立即开始跨越阿勒格尼山脉，前往俄亥俄州的富饶山谷中寻找新的机遇。一些拓荒点在

美国费城独立广场

肯塔基乡间落成。在这片新土地上，人们忙着穿过林地，砍树，造船，整理农场，给自己建立新家。很快，路易斯维尔人口超过了六百。在那些水牛和小鹿出没但危险不大的地方，更多的小城镇魔术般地迅速跳出地面。

* * * * *

一个夏天的早晨，农夫林肯走出家门，去离小木屋不远的玉米地里干活。他六岁的小儿子托马斯跟他一起，两个稍大的儿子莫迪凯和约西亚在附近的另一块地里焚烧原木。那些空地上还留有大量的死树和黑黑的树桩，如果不清除它们，玉米苗很难在它们的夹缝中生长。空地的一侧，越过开阔的空间，可以看到熊草城堡和约一英里外其他拓荒者的营地；另一侧，石楠木枝叶密集，草丛间小鸟轻唱，松鼠嬉戏，野兽静静潜伏。

正当两个男孩子应付冒着浓烟的木堆时，突然听到尖厉的枪声。他们向空地另一边望去，发现他们的父亲倒在了地上，小弟弟托马斯站在旁边，恐慌哭叫。一团团模糊的烟正从森林边缘处的灌木丛中升起。

“印第安人！”约西亚跳起来大喊，他像头受惊的野鹿，全速跑向城堡。

莫迪凯向他们的房子跑去，嘴里呼喊着小托马斯。可是这个可怜的孩子站在父亲的身边手足无措，只是撕心裂肺地哭喊。一分钟后，一个脸上涂抹了颜料的印第安人从灌木丛中走了出来。这可怜的孩子尖叫声更高了，吓得拔腿就跑。但那个印第安人紧紧跟在他身后。小托马斯听到那个人跃过倒在地上的树的声音，听到那个人健步如飞的脚步声，他加快了步子，但追他的印第安人跑得更快。跑到一座小山顶上时，孩子摔倒了。他们的房子已清晰地出现在他的视线中，莫迪凯、母亲和姐妹们就平安地躲在里面。托马斯手脚并用向前奔，但印第安人也和他一样攀爬，并且印第安人的胳膊已抓住了托马斯。这时，来复枪的声音从他们的房子中传出，尖啸着向他们飞来，那个印第安人松开了托马斯后向山下滚落。

孩子顾不上回头看发生了什么，只是比先前跑得更快。几分钟后，他已经平安到达小木屋，被母亲拥在怀中。

莫迪凯站在窗户边警戒，他手里握着一支来复枪，另有两把枪靠在他旁边的墙上。莫迪凯时不时地举枪瞄准射击。他们能听到潜伏在树林边缘处的印第安人的喊叫声。而很快，他们听到离小木屋较远的空地上传来另外一种喊叫声。约西亚领着许多人从城堡赶来这里。

“他们杀死了我父亲！”莫迪凯边说边打开屋门，“不过那个想把托马斯抓走的家伙也死在田野中了。我们得好好招待他们，他们一个也甭想活！”

但那些野蛮人已经穿过茂密的树林偷偷溜走了。试图去追赶他们于事无补，莫迪凯发誓：“我早晚会向他们讨还血债的！”从那以后直到他离世，他一直是所有印第安人最头痛的敌人。

就这样，和荒原地许多勇敢的移民一样，拓荒者亚伯拉罕·林肯在这片他本想给自己和孩子们建立新家的土地上，先给早早离世的自己修建了一块墓地。

* * * * *

父亲死后，托马斯·林肯开始了一段很长的艰难岁月，不过，他们也许并不比肯塔基其他拓荒者的孩子们更艰难。那时母亲认为，搬到人口稠密一些的地段生活可能会更好一些，所以这个家庭不久就搬到东南方向四十英里处，那一大块地域也是他们的父亲买下的地。

按肯塔基的法律，一个人死后，其全部遗产均由长子继承。所以，当莫迪凯达到法定年龄后，他成为家庭全部财产的所有者。约西亚、两个姐妹和小托马斯什么也没有得到。但约西亚耐力持久、勤奋无比，找到了不错的工作，所以他的生活悠闲自足。两个女孩子已经结婚，各自有了属于自己的家。只有最小的弟弟托马斯真实地感觉到了生存的艰难。

小托马斯的成长有些粗枝大叶，对他所生活的世界也知道不多。他家附近没有学校，他从没上过学。他学会了熟练地使用枪支，宁可去树林里打猎，也不肯在家做任何有用的事。他很热心肠，有绅士风度，脾气温和，与人为善。他还健壮、勇敢，因为他善良的天性，没有人过于为难他。

* * * * *

就在托马斯 · 林肯这样长大时，在他知之甚少的世界中，他既没听说也不知道的许多大事已然发生。来自群山以东各州的拓荒者，大量地涌向新领土。他们有的驾着敞篷货车，沿丹尼尔 · 布恩多年前开辟的道路前来；有的乘小船沿俄亥俄河而下。来自弗吉尼亚的富裕家庭，带来了他们的奴隶、羊群和他们优良的礼节，在俄亥俄山谷中建起宏伟的庄园。当托马斯十四岁时，在肯塔基拓荒的人数已经相当多了，肯塔基从弗吉尼亚脱离出来，成为一个独立的州，是合众国的第十五个州，因为佛蒙特州刚刚在一年前加入了最先赢得独立的十三个州的行列。

来自卡罗来纳州的拓荒者在肯塔基南部乡村建立了他们的家，到1796年，这个地方成为美国的第十六个州——田纳西州。弗吉尼亚和其他州宣称，俄亥俄河以北的广阔疆域不会加入美国联邦政府。这块土地正被来自东部各个地区的人迅速拓荒。但这块土地也是印第安强大部落的故土，他们不愿自己的土地被剥夺，他们决定捍卫他们狩猎的土地，因此，印第安人和白人之间的战争持续了许多年。未开垦的拓荒地经常发生惨不忍睹的恐怖事件。战争打起，而后条约签订，最后印第安人发现他们失败了，只得贱卖土地，远迁到西部。1802年，俄亥俄河以北、未开垦土地最东边的部分，成为一个州，被称为“俄亥俄州”。其他部分地域广阔的林地和牧场，则称“印第安纳地界”。

不要以为成长在肯塔基蛮荒之地的年轻人托马斯 · 林肯，会非常了

1 美元硬币正面上的托马斯·杰斐逊总统头像

解这些事。我怀疑那时他是否看过报纸，对一个根本不识字的人来说，报纸能有什么用？他可能都不知道在他刚度过十岁生日时，乔治·华盛顿当选为美国第一任总统。直到 1796 年，约翰·亚当斯[①]当选为第二任总统时，男孩托马斯十八岁了，好像这时候他听过别人说到选举的事。到了 1800 年，当托马斯·杰斐逊[②]当选总统时，这个年轻的肯塔基人达到了法定年龄，可以参与选举投票了。然而我们必须注意到，相比选举日和政治权利，他更关心到森林中猎鹿的事。

1803 年，我们伟大祖国的边境线发生了重大的变化。如我们已提及的，美国疆域起初仅仅到达密西西比河，肯塔基还位于远远的西部。但这一年，杰斐逊总统从法国人手中购买下了位于密西西比河和落基山脉之间的全部土地[③]。看

① 约翰·亚当斯(1735—1826)，人称“美国独立的巨人”，是《独立宣言》的起草人之一。1796 年当选为总统。

② 托马斯·杰斐逊(1743—1826)，与华盛顿和林肯齐名的资产阶级民主杰出代表，《独立宣言》的主要起草人，1800 年当选美国总统。

③ 路易斯安那购地(Louisiana Purchase)是杰斐逊任职期间，于 1803 年以大约每英亩 3 美分向法国拿破仑政府购买超过 529,911,680 英亩(2,144,476 平方公里)土地的交易案，该交易的总价为 1125 万美元，相当于 6000 万法郎。

看美国地图，你将发现那块土地占了我们全部国土的一半还多[①]。这些州的价值增加，它们从当时的“路易斯安那地界”独立出来，和最早为独立而战的十三个州平起平坐。

然而，在那时，这个地区整片土地都还是待开垦的荒蛮地，几乎没有白人敢去。它有多宽、多长，边界在哪儿，又隐藏着些什么，都不为人所知。但是购买这块疆土价格很低，于是，密西西比河最后成了我们国家自己的内河，住在西边的人现在可以顺水路自由地去往墨西哥海湾了。他们可以顺河流到新奥尔良去任意买卖货物，这对他们非常有利。不出几年，密西西比成为连接西部新拓居地和世界其他地方的最繁忙的贸易通途。你们应该知道，那时候还没有铁路，铁路是在许多年后才出现的。事实上，那里根本没有什么道路，对西部拓荒者来说，将谷物或任何货物运到山脉以东的新拓居地，或从那里运来什么东西，都非常困难，输送的成本高得让人难以想象。

* * * * *

托马斯·林肯现在二十五岁了。他从儿童时代就不得不学会了在世间自谋生路。他过得还算舒适，大家都挺喜欢他，他也从来没有无家可归或者无所事事。他对自己微薄的收入精打细算，最后他终于有能力在离伊丽莎白镇不远的哈丁购买一块地了。

在伊丽莎白镇，住着一位名叫约瑟夫·汉克斯的木匠。他早就认识托马斯·林肯，现在他请托马斯去他那里住，还把他带进自己从事的木匠行业。年轻的林肯学会了熟练地使用斧、锛，还学会了他那个时代一个好木匠应该学会的一切技能。建一个房子是很简单的事，墙由圆木围成，

① 法国路易斯安那属地的版图超出今日美国路易斯安那州的实际范围很多。该属地范围包括了现今阿肯色州、密苏里州、爱达荷州、明尼苏达州密西西比河以西、南达科他州、北达科他州、内布拉斯加州、新墨西哥州、得克萨斯州北部、俄克拉何马州、堪萨斯州、蒙大拿州及怀俄明州部分地区、科罗拉多州洛基山脉以东、加拿大缅尼托巴、沙士吉万、亚伯达各省南部之密苏里河流域地区，以及路易斯安那州密西西比河两岸（包括新奥尔良市）。购地所涉土地面积是今日美国国土的22.3%，与当时美国原有全部国土面积大致相当。

屋顶和地板是由树干劈成的木板构成。他们使用木楔而不是铁钉，整座房子往往连一块铁、一块窗玻璃都没有。

由于对工作始终不渝的细致耐心，托马斯·林肯不久就成为远近闻名的一流木匠。但是他少年时的习性一直未改，他对食物和衣服热情不高，他喜欢来复枪胜过斧子，他宁肯去打猎也不愿建造房子。

林肯生母南茜·汉克斯·林肯之墓

正是在伊丽莎白镇这段时间，林肯第一次与南茜·汉克斯相遇。她是林肯雇主的侄女，美丽娴雅。和林肯一样，她对艰难困苦的生活司空见惯。她的父母是老亚伯拉罕·林肯的邻居和好友，那时候，他们都住在弗吉尼亚。他们都是丹尼尔·布恩的朋友，同样在激动人心的理由鼓舞下来到肯塔基，因为这里有最富饶的土地，一切维持生活的物品都最为丰富。

那一带几乎没有能与南茜·汉克斯相媲美的姑娘。她识文断字,别的姑娘都不能。她还从她认识的亲戚那里得知，在西部世界以外有一个更大、更忙碌的世界，那儿的人们过着另一种生活，有另一套思维观念。她有一个朦胧的梦想，希望能比现在身边这些粗鲁的拓荒者们的生活更好一些。但她身边的同伴们只满足于双眼所能看到的小小世界，根本没有意识到艰辛的劳作已然成为他们生活的一部分。

虽成长于粗俗和落后的环境中，南茜·汉克斯却一如既往地温柔文雅，品性纯洁。我们无法想象，当托马斯·林肯与她在同一个小镇相遇时，他的心是如何完全被她吸引的。我们必须相信，当她最终同意做他的妻子时，她之所以被他打动，乃是在于他天性纯良又与人为善的性格，绝非因为他身上有跟别人一样的毛病。

1806 年 6 月，他们举办了婚礼。那年，新娘二十三岁，新郎年长她五岁。他们在伊丽莎白镇住了一年多，托马斯·林肯经常出去打猎，以贴补生计，为妻子和他自己获取更多食物。那时，那里已经没有太多房子要建，并且别的木匠比他做得更快更好，所以他的活儿少得可怜，也没啥前途可言。

当这对年轻的伴侣迎来了一个小女婴[①]时，他们决定搬到托马斯在诺林溪购下的地方去[②]。那边的林地里仍然有丰富的活动，空地上也可以种些玉米。在他们为自己营建的家中，那边的生活会相对容易一些。

* * * * *

就在托马斯·林肯修建自己的小木屋时，我们前文提过的伟大人物出生了。我们先简要回顾一下当时我们国家的状况。

岁月匆匆，距离宣布独立的 7 月 4 日那天，已经走过了三十二个春秋，此时已是 1808 年。巨大的变化不断地发生，有些是我们所知晓的。西部的国境线已不再囿于密西西比河，国土已涵盖整个落基山山脉，但它仍未包括佛罗里达、得克萨斯、新墨西哥和加利福尼亚，这些地区仍是西班牙人的领地。阿勒格尼山和密西西比河之间，许多地方分布着拓荒者的堡垒，森林快速消失，变成了农田、果园或者道路。不再是十三个州，而是十七个州，其中三个

① 托马斯·林肯的第一个孩子莎拉（Sarah），于 1807 年 2 月 10 日出生于伊丽莎白镇。

② 这是一块三百英亩的土地，离伊丽莎白镇有十八英里的距离，位于空旷的乡下。托马斯攒了两百美元买下它，1808 年，他们一家搬到此地。

詹姆斯·麦迪逊

州位于山脉以西。

印第安人仍然生活在俄亥俄北部未开垦的地区，但他们把大片土地卖给了拓荒者，许多人都跨过密西西比河移居他处。他们仍然威胁着东北部，但在肯塔基州，他们再不会像从前那样，被人们视为危险的敌人。詹姆斯·麦迪逊[①]被选举为第四任美国总统，1809年3月4日正式就任。东部地区的国民既兴奋又忧虑，因为他们害怕即将开始的另一场与英国的战争[②]。但在西部地区，人们对正在进行的战争知之甚少。再说，他们太忙了，要开垦林地，要防护农庄，还要修建自己的住房，他们根本没有时间去考虑别的事。

① 詹姆斯·麦迪逊(1751—1836)，美国政治家，被称为“宪法之父”，与杰斐逊共同创建和领导民主共和党，1808年当选美国总统，领导了第二次反英战争，为美国赢得了彻底独立。

② 指美国第二次独立战争。美国独立后，英国一直妄图夺回殖民地，双方之间始终存在战争的危险。第二次独立战争最终于1812年6月18日爆发。1815年双方停战，美国赢得了彻底独立。

第一部分 准备

大约 百多年前，在肯塔基哈丁县的乡村，一个小男孩降生了，他注定将成为世上最伟大的人之一。这一天是1809 年2月12日。孩子的父母非常贫穷，他们居所的简陋与贫困是你从没见过的。他们贫贱无知，根本不敢想象因为这个孩子，他们会被几百万人铭记和尊重，并且这铭记和尊重还会持续到遥远的未来。

1. 卑微之家

大约一百多年前，在肯塔基哈丁县的乡村，一个小男孩降生了，他注定将成为世上最伟大的人之一。这一天是1809年2月12日。孩子的父母非常贫穷，他们居所的简陋与贫困是你从没见过的[①]。他们贫贱无知，根本不敢想象因为这个孩子，他们会被几百万人铭记和尊重，并且这铭记和尊重还会持续到遥远的未来。

“该给我们的孩子起什么名字呢？”性情温和的母亲问。

“给他起名叫亚伯拉罕吧，”父亲回答，“林肯家族总要有个叫亚伯拉罕的。”

这个孩子长得不够漂亮，但身体结实，长得很快。他睁开眼睛第一眼看到的是光亮的小木屋，对他而言，这并不是个不舒适的地方。而事实上，它又黑暗又阴冷，没有门，也没有地板，寒冷的风尖啸着通过墙上的裂缝钻进屋里。然而，这个小屋给了他们安全，使他们远离伤害。小孩躺在母亲的臂弯里，幸福得像个生活在豪华王宫中的小王子。

小男孩长大了，当他学会走路和跑动时，大多数时间和大他两岁的姐姐莎拉一起玩耍。孩子们没有玩具——他

① 小林肯出生于2月的早晨，天气相当冷。南茜生他时，身边既无医生也无佣人。托马斯生了一堆火，然后不知所措地看着他们母子。过了几个小时，南茜的一个姨妈前来帮忙。她给婴儿洗澡，穿上衣服，又用野蜂蜜煮了些干莓子给南茜，这位姨妈稍微收拾了下小木屋后就走了。

们也不知道玩具是什么东西，但没有玩具他们照样过得很幸福。在那温暖宜人的日子，大人们许可他们到附近的小树林里玩。亚伯拉罕很早就懂得爱护小鸟、松鼠和所有易受惊的小动物，爱护树林间一切能为他们的家带来美丽的事物。许多时候，他会拉扯着母亲的衣袍不放手，因为他想跟随她一起穿过田野，到邻居家去，或者去泉水边看她提水，去牧场看她给牛挤奶。他还经常在夜幕降临时，沿着林间小路一路跑去迎接父亲回家，父亲归来时肩上会扛着斧子或者猎枪，也有可能会有只小鹿。

孩子们总是赤着脚，衣服也短缺破旧。父亲没钱买法兰绒或者白棉布或任何种类的布料，所以小亚伯拉罕只能穿母亲在家手制的衣服。母亲用鹿皮给他做鞋，用粗麻布给他做衬衣和夹克。他没有帽子，等他长得更大一些，母亲给他做了顶浣熊皮帽，戴上它时，动物的圆尾巴就在背上来回摆动。小亚伯拉罕对衣物都很满意，因为父亲并不比他穿得好，姐姐穿得也不强。

小木屋里只有一个房间，它是客厅、起居室、卧室，也是厨房。屋里没有地板，裸露着夯实的平坦的泥土。寒冷的冬天，母亲经常在燃起的篝火前铺开一张熊皮让孩子们坐在上面，那是他们唯一知道的地毯。屋子没有门，夜晚时他们在门的位置斜支着一些粗糙的木板，要么就在上面挂上熊皮，以把纷飞的大雪或者冰雨挡在外面。

他们头顶也没有天花板，只有被烟熏黑的托梁和顶上粗糙的木板。晴朗的夜晚，孩子们躺在他们的床上向上望去，可以透过屋顶的裂缝看到密密麻麻的星星。窗户上没有一块玻璃，也没办法关闭它，只能在它上面悬挂一张熊皮或者其他小动物的皮，这样做虽然挡住了寒冷，但也把光线挡在了外面。

房间的一个角落中，有一张用直接从树林砍来的原木制成的粗糙床架，上面铺了毛皮，还有某些我们叫不上名字的鸟的羽毛。这些上面盖着的是一床七缝八补的被子，这床被子是母亲还是快乐的姑娘时动手缝制的。屋里也没有椅子，只有几个树墩供人坐；桌子也不过是张木架，是由两个钉进墙里的长木销支起一张光滑木板而已。

鸟瞰林肯纪念堂

房里离床最远的那一头，是一个巨大的由石块和黏土垒成的火炉。火炉特别大，冬季生火时，可以把跟人的躯干粗细差不多的圆木旋转着投进去，一根根地堆起来点燃。这些木头很快就噼啪作响、火光熊熊，火焰滚动着进入烟囱。火光虽照亮了屋子，但冬季的小木屋却往往是个寒冷难耐的地方。

在这个火炉上，母亲还要给全家人做饭。但她总是没有足够的材料用来做饭。肉食总是鹿肉，装在火上悬挂的一个罐子里煮熟，有时候是直接在火焰上烤熟。面包是用玉米粉和水或者酸奶混合在一起制成的。他们也用这样浓稠的生面团做蛋糕，这些食物上总会覆盖着来自火炉的灰烬。有时候母亲会把这些生面团放进一只荷兰烤箱中，烤箱放在炉膛上方，烧得发红的燃料在烤箱周围加热，直到把面包烤好为止。用小麦粉做面包是奢侈的，只有最富有的人们才承受得起，林肯一家几乎不知道那该是怎样的美味。

烟囱的一角是悬挂的搁板，上面是些器皿：几只白盘子，一两个马口铁杯子，几个修补过的陶罐，一个木盘——这是全部的东西了。另一角搁置在两个木桩上面的是父亲的来复枪，挂在另一个木桩上的是他的火药筒、子弹袋和他打猎时系的带子。火炉上方还有几串干药草，以备家人生病时泡水喝；也许还挂着些小饰物或者纪念品之类的，作为装饰和某些远方友情的象征。炉膛上方悬挂着厨具——一只荷兰烤箱，一两个罐子，一个炒锅或者煎锅。

如果你们去这个可怜的木屋看看，你们绝不会看到我前面未提到的东西。对你们而言，它没有一处与舒适有关，大概算是最贫困悲惨的家了。但对于居住在里面的人来说，它可不是我们所认为的那样，因为它就像邻居们拥有的一样，算是个相当不错的家，他们的心中，天天都为即将到来的幸福新生活欢呼。对不知道别人家是什么样子的孩子们来说，没有什么东西是必不可少的。这里有慈善的父母，能躲避风雨，还有食物，有睡觉的床，有取暖的火苗——谁还会有更多的欲求呢？

林肯长到懂事时，母亲便耐心教育他要忠诚和正直。她把他放在膝盖上，给他讲故事。那些故事中有林肯永远不会忘记的英雄人物和优秀人士，这些人有过美好的生活并作出了卓著的业绩。许多夜晚，孩子们在炉膛一侧偎依着母亲的脚，母亲借着炉火的光亮，给他们阅读书上精彩的篇章，这些书是她从仅有的一点财产中特别保存下来的。小林肯对他听到的还不能理解太多，但母亲的话语使他愉悦，他盼望自己也能学会阅读。对母亲来说，教他学习字母表也是件愉快的差事，所以，他在上学之前很久，就已经学会了拼写简单的单词。

孩子的父亲托马斯·林肯不识字，如果不是妻子教他，他甚至连字母表都不认识。但父亲会讲神奇而真实的故事——他的所见所闻或者亲身经历的故事。他最喜欢讲的是关于打猎、野生动物、野蛮的印第安人的故事，以及关于建成肯塔基的英勇拓荒者们的故事——那时整片土地覆盖着原始森林。

只有一个故事最为特别，托马斯·林肯对他心爱的听众讲了一遍又一遍：这是一个关于大胆的拓荒者的故事，这个拓荒者在一个早晨走出家门到他的田地里干活，他年仅六岁的小儿子跟在身后，非常高兴地从正在生长的庄稼

苗中拔掉杂草。突然，这个孩子听到了尖锐的枪声，震惊无比。他看到他的父亲身形晃动着倒在了地上。他看到印第安人从灌木丛中一跃而出，并向他飞奔过来。伴随着疯狂的叫喊，他转身就逃，他的双腿竭尽全力以尽可能快的速度带着他越过田野。可印第安人到了他面前——甚至用粗大的胳膊捉住了他——准备把他捉到森林中去。这时响起另一声尖锐的枪声，印第安人头朝前栽倒在地死了。可怜的孩子脱身了，他飞快地跑回家中，跑向母亲安全的怀抱。是他的哥哥开枪射击野蛮的印第安人，从而救下了他。

每当托马斯·林肯讲完这个故事，他总是看着两个孩子，说道："那个被野蛮的印第安人杀死的可怜人，是你们的祖父，他的名字和你的一样——亚伯拉罕·林肯；那个跑得特别快、尖叫声特别高的孩子，长成了一个大人——就是你们的父亲。"

于是，当孩子们爬到他身边，贴紧他的双膝时，托马斯会告诉他们，不必害怕印第安人，因为那些野蛮人已经被赶得远远的，现在的肯塔基几乎看不到他们的身影了。

2. 偏僻地区的童年生活

1813 年，亚伯拉罕 · 林肯四岁，父亲卖出了自己第一个农场，并买下了另一个他觉得更好的农场。因此林肯一家越过山峰，在一条名叫诺伯的小溪岸边定居。但他们新建的小屋并不比他们刚刚离开的那个强，对贤惠的母亲来说，它的样子简直不像个家。现在，家里有三个小孩了，除了莎拉和亚伯拉罕，还有一个和他们的父亲同名的小弟弟托马斯。他是个身体瘦弱的小家伙，母亲倾心照顾他，他也没变结实。

一天，小哥哥和小姐姐带着困惑的眼神，看到小弟弟安静地躺在一只粗糙的箱子里，那是他们的父亲钉成的。在他们亲吻小弟弟冰冷的面颊后，一个邻居扛起箱子，把它从小屋中带走了。他们步履凝重，抓着哭泣的母亲的双手，一起跟在那个邻居和他扛的东西后，沿牧场弯弯曲曲的小路一直走下去。他们不知道此行的尽头在哪里，也不知那里将会发生什么，只知道那个可怜的小弟弟再也没有回到简陋的小屋里。

那之后的整个夏天，他们每天都要跟着母亲去看一个新埋成的小土丘，它位于离道路不远的大树下。一路上，他们采摘紫罗兰、雏菊和三叶草的红花，母亲把花束放在小土丘上，用她的泪水浇湿它。整个过程充满陌生和悲痛的感觉。那个时候，他们不曾注意到母亲的眼光黯淡下来，那一抹光亮从她眼中消失了，从此再也没有闪现过。

这是男孩子亚伯拉罕关于悲痛的最初印象，但他很快就知悉更多关乎贫穷的无比艰辛和异常悲痛的事。他的父亲不断地陷入土地所有权带来的麻烦之中，他确确实实买下了它，但现在却受到别人的指控。母亲被焦躁、忧虑和丧子之痛搞得筋疲力尽，无以慰藉。简陋的小木屋位于诺伯小溪岸边，几乎不能给住在里面的人提供什么舒适和快乐。

亚伯拉罕五岁左右时，一个流浪教师来到新拓居地，他的名字叫撒迦利亚·瑞内，是一名天主教徒。那一带没有校舍，这位教师想开办学校，有一个邻居愿意提供一座老木屋给他使用。他教育那些孩子，但穷人们没有多少钱给他，因为他们中所有人都没有钱。但他们欣然愿意为他倾尽全部——有人给他提供饭菜，有人给他提供住宿，有人给他缝洗衣物，还有人给他提供其他各式各样的服务——

因此他决定留下来，尽他所能地教育他们的孩子。

我认为这肯定是附近一带开设最早的学校。大多数学生是在成长过程中从未见过书的大孩子，极少数的几个人认识几个字。许多青年男女也坐在他们中间，这些男女水平和小孩子相当，认识的字词并不比他们多。

亚伯拉罕·林肯和他的姐姐莎拉被送到这个学校。这件事是他们母亲决定的，因为他们的父亲并不关心读书的事。“我从来没上过学，”父亲说，“可我觉得，我是和别人一样明白的人。如果一个男人知道怎么砍得好，知道怎样射击，他根本不需要什么文化！”但是林肯夫人却不这么想。

亚伯拉罕是学生中年龄最小的，大孩子们意外地发现他居然拼写得比他们还好。拼写是那个学校所教授的唯一的科目。几乎没有课本可用，只有一本蓝底单词拼写课本，书后附有几篇阅读课文。人们认为，如果有谁能够学会那册书上所有的单词，他就非常博学了。但这个学校只存在了短短几个星期，孩子们需要留在家中干活儿，并且人们也无力继续供养教师待在这里了。

第二年，又来了一位教师。他的名字叫卡勒·黑泽尔，他在同一座破旧的木屋中开办了学校。去年那些孩子和新拓居地一些年龄更小的孩子，成为了他的学生。这位教师想必是位很能干的人，因为他是一位非常优秀的拼写教师，同时他身体强健，连这个地区最大的男孩子都敢揍。但是，没有人知道这个学校究竟有什么用处。

除了学习字母表和单词表之外，这些孩子不再学别的东西。女孩子们空废时日，无所用心；男孩子们则一门心思想惹老师生气。小亚伯拉罕仍然在学校中保持领先，因此他得到一些人的羡慕，同时又招致那些比他大的家伙们的厌恶。

不到三个月的时间，这个学校又要关门了，但小亚伯拉罕并没有停止学习。尽管他还非常年幼，但他非常喜欢学习。《圣经》是他母亲最心爱的一本经典的老书，现在经常出现在他的手上。

在那漫长的冬夜，他会坐在火炉边，借着炉火忽隐忽现的光线读书。

许多时候，当炉火将熄时，他把灌木树枝拢在一起投进火中，它们燃烧起来，就像蜡烛那样发光。他在看书时总是高声朗读出来，每当碰到不会念的字词时，母亲会在一边帮他拼读。

位居乡野之中的那块土地没有教堂。但是一些四处流浪传教的人常常来到这里。他们有时举行布道会，有些布道会在好客的拓荒者的小木屋中举行，有的则在露天的大树下。

在离小土丘几英里远的地方，有一个传教士们经常居住的小木屋，林肯一家也喜欢光顾那里。有时候传教士会邀请人们到他们的住处，一起品尝野味，吃玉米糕，还一起讨论许多关于此世和来生的话题。

在这些传教士中，有一位与林肯一家结下了超出一般的友谊。这位传教士就是戴维 · 艾尔金，他们愿意向他吐露自家的困苦、忧伤与梦想。而艾尔金帮助他们的唯一方式是把自己的友善同情传递给他们，因为比起他们，艾尔金的物质更为贫乏。

林肯家的小家伙很乐意听那些传教士讲道。他把他们看做是了不起的人。他的梦想就是有朝一日也能像这些人一样，在众目睽睽之下作演说。

从布道会返回家中后，他经常站到炉台上扮演传道士，由母亲和姐姐来听他聒噪喊叫。当邻居家的孩子们来玩时，他会站到圆木或者大树桩上给他们作怪模怪样的演说，一直到他们听得不耐烦才罢休。

在诺伯新拓居地的小木屋中看不到报纸，关于外面热闹世界的消息，只能通过捕风捉影的传闻和邻居间的谈话来传播。正是通过听大人们说话和向母亲提问题，亚伯拉罕获得了对国家的最初知识。

一天，亚伯拉罕在小溪边上玩耍，逮住了一条小鱼。他特别高兴，急不可耐地跑回家。但是，沿着道路飞跑时，他看到了一个人。那人头戴已褪色的蓝帽子，衣服上有黄铜的纽扣。亚伯拉罕以前曾经见过穿类似衣服的人，有人告诉过他，那是个战士。于是，小亚伯拉罕停下脚步，问那个人 ：“你是当兵的？”

“是的，”对方回答，“我曾追随杰克逊将军，参加了整个战争[①]。”

男孩把小鱼放进了那人的手中。往家跑的时候，他觉得就算他逮住一打鱼也没有现在幸福。母亲曾经教育他，应始终友善地对待当兵的人。所以，他决定放弃这世上唯一一件属于他的东西，送给那位士兵。如果他再大一些，他会对那场已经结束的战争了解得更多一些。可那场战争开始时，他才三岁，现在他还不到六岁。

1812 年的战争，正如人们对它的称谓——“第二次独

① 即美国第二次独立战争。杰克逊将军，指安德鲁·杰克逊(1767—1845)，美国第七任总统。第二次独立战争期间，他在新奥尔良战役中率兵大败英军，振奋全国，成为举国闻名的英雄。因其作风强硬，绰号“老山胡桃”。本书后文涉及此人，可以参考。

位于新奥尔良的安德鲁·杰克逊的纵马雕像

威廉·亨利·哈里森

立战争”，它因英国对美国人的蛮横干预而引发。在战争开始之前的几个月中，整个国家处于恐慌与危难之中。西部地区人们最大的恐慌在于，害怕印第安人会和英国人联合起来进攻美国拓荒者的营地。哈里森将军[①]领导的美国士兵，在印第安纳的蒂珀卡努与大队印第安人遭遇。残酷的战役打响了，在这场战役中，印第安人惨败，以至于以后很长时间内印第安人都不敢在那一带再惹任何麻烦。在美国第二次独立战争中，许多战斗扩大到海洋中和陆地上，不断加剧人们的悲痛。最后，美国在杰克逊将军率领下，于新奥尔良战役大败英国人。

关于这些事情，亚伯拉罕·林肯在人们的交谈中听过许多。他还不能理解这些。但至少，对他而言，战争使他明白，为捍卫祖国挺身而出是每个人的责任，人们应友善对待那些为保卫祖国不惜牺牲自己的士兵。

① 哈里森将军，即威廉·亨利·哈里森(1773—1841)，美国第九任总统，1811年时任将军，指挥美国与印第安人作战。第二次独立战争期间亦功勋卓著，1840年当选总统，在职一个月病故。

3. 前往印第安纳州

亚伯拉罕·林肯七岁那年，父亲卖掉了位于诺伯小溪新拓居地的土地。其实父亲从来没有真正拥有过那块地，因为别人宣称对它拥有更优先、更多的所有权。所以，尽管卖那块地所得甚少，父亲还是很乐意从那些烦心的事中摆脱出来。他是个充满幻想而不安分的人，向往偏僻林带深处自由自在的生活，他也关注文明生活的舒适，但只是微不足道的泛泛关注。

这样的人适合继续向蛮荒的方向迈进，适合为那些富于野心的新拓荒者们开辟道路。

托马斯·林肯听说在印第安纳州俄亥俄河以北，有一片原始而富饶的地区。那里土壤肥沃，猎物繁多，人们可以很快得到想要的一切，土地所有权也完善，不会存在争议纠纷。所以，他下定决心跨过俄亥俄河，去那片更新的土地为全家人寻找新的家园，寻找一个比他以前所给予他们的更美好的家园。

那时印第安纳州仍然是一块拓荒者很稀疏的疆域，但就在那一年，它成了一个独立的州[①]，人们向它蜂拥而去，

① 印第安纳州曾为法国拓荒地，18世纪下半叶，印第安人与欧洲白人移民之间的战争曾持续多年，后由英国控制。美国独立，属西北领地的一部分。1794年，印第安部落被迫让出他们世代居住的东部地区。1800年由西北领地分出，成为印第安纳领地（准州），1816年作为第十九个州加入美国。

迅速抢购那里的土地。托马斯·林肯认为，只要他还有上进之心，那么现在对他来说无疑是最好的时机。

他拿起斧子和锯，开始干了起来，做成一个简单的木筏，来到一处面积不大但水位很深的名叫“旋叉”的溪流处出发，这个溪流在几英里后汇入盐河，成为俄亥俄河的一个支流。在这个木筏子上，他装载了他的全套木匠工具，还装了几桶酒[①]，这些是他用卖出农场时得到的部分费用买的。他认为，在新拓居地，一定有许多房子要建，他得好好使用这套木匠工具。他相信，他还能给这些酒找到卖场。

当他离开河岸，沿着小溪，朝前途未知的土地慢慢地划行时，两个孩子和他们的母亲眼含泪水看着他。当他消失在拐弯处的风景中时，他们回到偏僻的木屋，这个小屋已经不再属于他们，但他们得到买主许可，可以一直住到他回来接他们。

当这个撑筏人到达俄亥俄河时，他发现这里的涡流实

① 据说这几桶酒共有四百加仑。

在太强了，他的小木筏不断遭遇各种暗礁和阻碍，最后小筏子被打翻，筏子上的木匠工具和酒桶全都掉进水中。庆幸的是，这一带恰好比较浅，河岸触手可及。在一个偶然经过附近的好心船夫的帮助下，几乎所有的物品都幸免于难。又过了几天，托马斯·林肯站到了印第安纳岸边，面前堆放着不太多的财产。有人告诉他，从这里向北仅仅几英里远，有大片优良的土地正在等待买主，任何人都可以按政府价格两美元一亩来出价。这个价格低，很容易支付。所以，按满意的价格卖掉几桶酒之后，托马斯·林肯步行启程，穿过大片茂密的树木，去寻找安家之地。

他并没走太远的路。第一天的下午晚些时候，他到达一个地方，对他来说这个地方是那个地区最好的土地了。那是块肥沃的谷地，地势低缓延展，还有条名叫“鸽子”的小溪从中穿流，这块地周边是被郁郁葱葱的树木覆盖的缓坡。拓荒者们已经开始购买邻近的土地，他们中一个叫詹特利的人，提及要在这里建个商店，然后建成小村子。因此，托马斯·林肯一点儿时间都不耽搁，他给自己的农场选了块地，在这块地上埋下几个树桩，以示对它拥有优先权。

第二天拂晓时分，他背着猎枪出发了，去往这块土地的办事机关，它位于七十英里外的文森尼斯。

那段旅程又长又艰难，我们无从知道他在那条路上花了多少天。文森尼斯是当时印第安纳州的最主要的城镇，大约一百多年前由法国人建成，但当时仍是个偏僻落后的村庄。托马斯·林肯发现它的街道上满是猎人、小商贩和来自四面八方前来购地的人。他径直向土地办事处走去，在那里他拿出所有的钱财，支付了位于俄亥俄河以北十八英里处、斯宾塞县鸽子溪附近的一百六十英亩土地的部分费用。然后，他准备返回肯塔基，去接他的妻子儿女们来这里的新家。

4. 在“半边脸”帐篷中度过严冬

深秋时节，林肯一家告别了肯塔基诺伯溪畔的居所，开始了他们穿越苍莽原野的漫长行程。他们没有多少东西可带，仅有几件屈指可数的厨具和被褥，驮在两匹借来的马背上。整个行程都是沿离俄亥俄河最近的一条路徒步而行，晚上，他们在路边的树林中搭帐篷住宿。父亲带着猎枪，可以给他们猎到足够的野味充饥；路边一些友好的居民也经常邀请他们一起用些粗茶淡饭。

从他们的旧居到新家，直线距离不过四十多英里，可是他们的旅程却非常缓慢，他们到达旅程的终点时整整一个星期已经过去了。因为这趟行程的绝大部分地段，根本没有任何形式的路，他们不得不在茂密的森林中砍劈出小路。最后，在寒冷的 11 月的一天，他们终于抵达父亲选中的那块土地。那地方外观荒凉孤寂，没有房子，没有居民，也没有邻居们热情的欢迎。树上的叶子已经落光了，空气潮湿而又寒冷刺骨，铅灰色的浓云铺满天空，雪花不断地向下飘落。抵达家园，竟如此兴味索然吗？

不过，托马斯·林肯和他的妻子才不会垂头丧气、心灰意冷。这片土地将成为他们家园的念头，给这沉闷的场面带来了喜悦。父亲身强体壮，可以接受任何命运，但细腻而体弱的母亲，对他们当时艰难处境的忍耐已几近极限[1]。

很快，父亲和小亚伯拉罕开始忙着砍树，在林间清理出一小块空地，建起一座被当时拓荒者称为“半边脸”帐篷的住所，仅用了几个小时。这是个完全由木杆撑起的棚屋，上面覆盖着大片的树皮。

这个棚屋，有三面可以挡住寒风，是闭合的，但比较大的朝南的那一面却留着开口。支撑棚屋的木杆间的缝隙，由树叶或木棍填充，再用黏土修补。开口的那一面，有一部分用兽皮从棚顶悬挂下来遮挡。棚屋的一头是一家人睡觉的床，对着南面开口的，是在两根大圆木间燃起的火炉，那上面还能做饭、吃饭。炉火昼夜长燃不熄，它发出的热量，即使在最寒冷的天气里，也可以使小棚屋的一部分相当舒适。

在这个简陋的棚屋中，林肯一家度过了整个严冬。父亲整天拿着斧子忙活，砍树，斫木头，为了能早日建成新房子，也为了能开辟一块空地种植玉米。母亲拖着病体尽她所能地把东西收拾好，给他们做饭。食物还算丰富，因为森林里有大量的松鼠和野火鸡，小鹿还不时跑到帐篷附近猎枪的射程内来。母亲知道如何熟练使用猎枪，她的本事足以保障家人们的饭碗。

一天早晨，亚伯拉罕听到了野火鸡咯咯的叫声，他悄悄窥视，看到一群身体巨大的鸟正向他们的帐篷靠近。它们的头领是只昂首阔步的大家伙，亚伯拉罕从来没见过这么大的雄火鸡。他飞快地跑回屋，取下悬挂在木桩上的父亲的猎枪，把子弹推上膛，架在墙上的裂缝中，瞄准，开枪！当硝烟散尽，他看到那只雄火鸡伸着爪子死在了地上。他为平生第一次打下这么棒的猎物而高兴，但他的自豪很快被杀死无辜生命的愧疚所代替。这是他平生第一次主动伤害活物。从那时起，他常在荒野山林间打猎——但每次

① 那时小林肯的母亲南茜已体弱多病。

都是在家里急需食物充饥时。这个心地善良的少年不像他的父亲，他见不得猎取小动物时的惨烈场面。

这个寂寞寒冷的冬天，有许多日子特别冷，小亚伯拉罕没有鞋，光脚无法出门去帮父亲干些清理农场的事。在这些极为严寒的日子里，他和母亲坐在帐篷中读书。他们从肯塔基带来的两三本书中，有一本他最为喜欢的小册子。这本简明读物讲了一个叫亨利·克莱①的年轻人的故事，主人公通过艰辛的劳动和坚定不移的努力，使自己成为国会领导人。他早年的经历很像亚伯拉罕当时的境况，亨利·克莱也是一个穷小子——他被称为“砍树的男童工”——但现在，他是所有人都敬仰的卓越人士。小亚伯拉罕还不完全懂得读到的故事，但它带给他鼓舞和欣喜，于是他一遍遍地反复阅读。

在那段日子里，他还学会了书写，母亲是启蒙老师。他最早的作品大概是用木炭写在平滑的树皮上的。纸张是极为贵重的东西——贵重得在那个帐篷中根本找不到。那里也找不到墨水，他们只能戳破浆果或者胡桃的硬皮获取其中的汁液，以充当墨水。但是亚伯拉罕·林肯尽其所能充分使用手头的东西，在冬天彻底结束前，他已经能写得相当不错了。如果早年他没有把握最小的机会做出最优秀的事的习惯，许多年后他不可能做出任何你我直到今天依然记得的伟绩，写下那些你我还在阅读的文字。

① 亨利·克莱（Henry Clay，1777—1852），美国参众两院历史上最重要的政治家之一，辉格党的创立者和领导人，美国经济现代化的倡导者。1957年，他被评选为美国历史上最伟大的五位参议员之一。克莱的许多业绩在后文均有讲述。

美国国会中的亨利·克莱纪念堂

亨利·克莱

5. 伐木建屋

春天来了，所有人都忙着在空地上焚烧原木和灌木丛，忙着在树桩间的肥沃土壤上种植玉米。还没到夏天，托马斯·林肯已经准备好了用来建造他们新房子所需的所有圆木。他向自己和妻子作出承诺，一定要把新房子建得比以前他们留在肯塔基的那个强许多。所以，他非常谨慎地砍斫方木，并在末端凿出凹凸状，以使它们安放在一起时能彼此啮合严密。

9月份，方圆数英里内所有的邻居都应邀来参与建屋。在"半边脸"帐篷附近的小树林里，摆满了上好野味做成的食物，配以新鲜的玉米、熟透的南瓜和诱人的李子，用以待客。当墙壁不断增高，厚木板制成的隔板置上屋顶时，每个人都对新房子羡慕不已。他们说，托马斯·林肯绝对是个好木匠，还说这个新木屋即使不是整个新印第安纳州[①]地区最好的，至少也是鸽子溪拓荒点最棒的房子。

全家人对那个"半边脸"帐篷已经很不耐烦了，所以迫不及待地搬进了新房子。但房子还远远没有彻底完工，许多天过去了，它那随性的建造人才腾出时间来把它修理

① 1816年，原"印第安纳地界（准州）"撤销，新成立的印第安纳州是美国的第十九个州。林肯一家建成新屋为1817年，故称是"新印第安纳州"地区最好的。

美国地图
图中标深红颜色的为印第安纳州。

成一个舒适的居所。单人房的一头，有个火炉和烟囱，这一小块地方很像肯塔基那个老房子。原先计划中的地板，由于那里没有锯木厂，锯出的厚木板的数量不足，他们不得不花费更多时间和精力来劈砍一些“短板”代替。墙上还有了两个窗户，但是没买玻璃来镶装它们。房屋有且仅有一个门框，安了木门才可以在暴风雨来临时把风雨挡在外面。然而，对托马斯·林肯来说，他宁愿去林间打猎也不愿意制个木门安上。建房的原木每根都经过精心砍斫，表面平滑，但对它们之间的裂缝，托马斯却听之任之，不管不顾。

墙壁建得很高，本应在上层做出半个夹层来的，但圆柱在那个位置几乎没有可以分隔成上下两层的托梁。此后一段时间，几块隔板掉到托梁以下，落在阁楼的一角，树叶和草秆做成的床也破损了。那是亚伯拉罕的卧室，他到床上去的唯一方法，是顺着由墙壁下面的长木栓组成的阶梯爬上去。

你可别以为这个没有完工的木屋是个差劲的地方，对林肯一家来说，它可比那个“半边脸”帐篷强得太多了，它简直像座宫殿一样完美。林肯太太的阿姨贝蒂·斯帕罗和她的丈夫托马斯·斯帕罗，现在住进了那个帐篷中。他们也来自肯塔基，比林肯一家来得晚，也比林肯家更贫穷。他们没有自己的小孩，但带来了他们的外甥——一个比亚伯拉罕大几岁的男孩，名叫丹尼斯·汉克斯。

托马斯·林肯的一个老毛病是做事拖沓。当全家人搬进未竣工的木房子时，他非常快且颇有信心地把每件事都计划出一个十全十美的轮廓。但那时天气暖和，每个人都住得很舒服，他干吗要匆匆忙忙地干活儿呢？现在，空地上有些工作要干，树林里也有大量他必须去捕获的猎物。等天气逐渐变凉时，必须去收割玉米；等冬天卷着风雪前来时，天气实在不合适干任何活儿，一家人只能住在这样的房子里，直到春暖花开时才适合劳作。春天到来了，谷物必须要播种，又有那么多的耕作、挖掘和滚木的活儿必须做，所以，林肯先生根本没有时间去琢磨房子的地板、门和墙上的裂缝。酷暑炎炎时，天气热得很，只有傻瓜才会密闭窗户、安装木门，或者涂抹那些把可爱的凉风放进屋里的裂缝。时间就这样一天天过去，那座承诺过的精致的、舒服的房子始终没有彻底竣工。

如你我所知，有些人做事习惯于拖拖拉拉，他们永远成不了世间收获丰功伟绩的人。

6. 巨大悲恸

在印第安纳度过的第二个夏天，和上一年相似，整个夏天终日劳作，很少玩耍。亚伯拉罕·林肯现在九岁了，他能干不少事了。他可以像个大人那样使用斧子，他的大部分时间花在了林中空地上，砍树、堆积灌木焚烧树桩。有时候他帮助母亲收拾房子和菜园，有时候他也会被指派去邻近的或者两英里以外的根特维拉小镇办事。

如果你见到他的样子，你肯定会认为他是个长相难看的丑孩子。他有超出年龄的身高，看上去相当平凡。他的穿着打扮还像在肯塔基的老房子里见到的一样，棕褐色的鹿皮裤子，粗麻或者亚麻羊毛混合织成的衬衫。好几年，他的衣着一点没见改变。如果说他的外套是最好的，那也不过是粗糙的自制货，并且它是先被当做别的衣服穿过好几年后才改制成的。至于鞋子，他有一双母亲给他做的鹿皮鞋，只有在天气特别寒冷时他才舍得穿一穿。袜子，他没有，而且直到他长大成人为止他就从没穿过那东西。他从不觉得自己穿得这么差是很拮据的，因为家中别的人以及他所认识的其他人，都穿得同样寒酸。

秋天又一次光顾大地，与之同来的还有疾病和悲痛。一种前所未知的奇怪疾病在新拓居地之间爆发。人们认为它会通过生长在林间的某些植物传播。如果牛群吃了被感染的植物，它们挤出的奶就变得有毒，喝了毒牛奶的人就会染病，甚至会死亡。因此，人们称这种疾病为“牛奶病”[①]。许多时候，奶牛莫名其妙地死亡，没有人能找出这种奇怪的植物究竟是哪种，也没有人能描绘出它的外观特征和生长方式。这种疾病只在定居在森林中的几个新拓荒点出现，时至今日，许多医师仍讲不出这怪病究竟是如何引发的。

5 美元纸币上的林肯肖像

托马斯·斯帕罗和他的妻子是最早被这种可怕的病毒感染的人。他们的家安在那个狭窄的“半边脸”帐篷，一个无论如何也不会给人带来快乐的地方。病毒很快发作了，向阳的一座小山坡上，两座新坟并肩排列，这对可怜人被他们的亲属和邻居安葬于此。随后，亚伯拉罕·林肯的母亲也病倒了。过去两年异常艰苦的劳作，早已把她双颊的红晕驱散。在帐篷和未完工的木屋生活，难以抵挡的潮湿和阴冷掠走了她的抗病能力，她的身体很容易被疾病侵袭。丈夫和孩子们悉心照顾她，竭尽全力挽救她。在那个地方他们找不到医生，他们所能给予她的是毫无经验的治疗，他们一直守在她的病床边，用饱含深情的目光久久注视着她。

在一个很早的清晨，当灰白色的曙光艰难地透过木屋的裂缝时，她吃力地伸出胳膊把年少的亚伯拉罕拉到身边说：“我的孩子，我就要走了，你再也看不到我了，你要好好的——我知道你会的，帮助你父亲，照顾好你的姐姐。

① “牛奶病”即白蛇根中毒，19 世纪曾导致许多人死亡。人喝了从被感染的牛挤出来的牛奶后，会全身肌肉松弛无力并且不停颤抖。起初，人们并不知道这种病的根源在哪里，后来发现吃了白蛇根的牛也和得了“牛奶病”的人一样颤抖，才明白原来传播病毒的植物是生长迅速、枝叶茂盛的白蛇根。人们这才把牧场上这种植物全部清除掉。

像我教育你的那样好好活着，要永爱上帝。”然后，关于她的一切都结束了。

托马斯·林肯亲手给妻子打制了一副棺材。随后，在一个静悄悄的下午，坚果从树上坠落，树木飘落着或褐或黄的叶子，他们挖好墓穴，把她安置进最后的休憩地。在离木屋有一段距离的山丘一侧，一株无花果树长长伸展的枝叶下，他们满怀悲恸地默默安葬了她。坟墓所在的地方，是她还健在时就为自己选中的。

在整个偏僻的森林地带，还没有做公共礼拜的地方。那里也请不到可以前来参加葬礼和对悲痛的家属做些抚慰的传教士。仅有的几个邻居心怀善意地前来安抚他们后，也悲伤地回家了。巨大的悲恸摧毁了每个人的心，少年亚伯拉罕和他的姐姐莎拉步履沉重地跟在父亲身后，迟缓地走回他们孤独凄凉的小木屋。

7. “天使般的母亲”

1819 年，对这个刚到十岁的悲伤男孩来说，他的母亲躺在地下，生前没有为她举行临终宗教仪式，这真是件非常糟糕的事。“这儿需要有合格的人，”亚伯拉罕想，“需要些云游四方的传教士来这块地方！”

于是，他想到了善良的传教士戴维 · 艾尔金，他们在肯塔基的老房子时就认识他了。如果他知道了他们的失亲之痛，也许会来这里到母亲的墓前宣示布道。可是，如何把这不幸的消息告知他呢？

坐在家中寂寞的炉台边，亚伯拉罕想出一个办法。他想写信给母亲生前的这位好友。他会把家人的悲恸告知他，并请求他前来此地。但这可不是个容易的任务。他到哪里去找写信所需的纸和笔墨？写完了信，谁又能帮他送去？再说了，戴维 · 艾尔金是个云游的传教士，到哪里能找到他呢？

偏僻地带的人们学会了借助最有限的东西尽可能做出更多的事的本领。困难面前，他们从不沮丧。在那本已被翻旧的拼写课本——就是小亚伯拉罕在卡勒·黑泽尔的学校里学的那本书中，有一页上有漏印的空白，用这张纸片写信就足够了。林间空地许多烧焦的树桩上悬挂着成熟的浆果，戳破它们后流出的血红色汁液，就是很好的墨水。父亲在森林中猎到的野生火鸡翅膀上的大翎羽，揪下一根就可以做成笔。

信写好了，封好口，写好了戴维·艾尔金在肯塔基的地址。但是，那里没有邮局，也没有邮递员。该如何把信送到它的目的地呢？

有个邻居准备去俄亥俄河那边做些生意，他可以把信捎带到他所去的地方，然后在那里，他可以把信交给另一个朝那个方向走的人。这第二个人会把信再交给第三个人，如果顺利，还会有下一个人。一直到最后，如果没有意外发生，它能够到达那位正确的收信人手中。对亚伯拉罕来说，用这样的方式传递一封信件一点儿都不奇怪——这是他所知道的唯一的方法；在早些时候的西部拓荒者中，这样传送信件也是很常见的。

沉闷漫长的冬天到了，这是男孩平生最为沉闷忧郁的时期。寒风呼啸着从墙上敞开的裂缝钻进来，冰雹和雨雪向没有防护的屋门涌来。本来就不舒服的小木屋现在更不如从前，因为那个把整个家照亮照暖的母亲，再也不会出现了。年仅十一岁的小莎拉，成了家里的女主人。那个总把最需要做的事都拖沓下去的父亲，要么坐在家中火炉旁，要么拎着斧子或者猎枪到林子里转悠。丹尼斯·汉克斯，自从他的阿姨贝蒂·斯帕罗去世后，就搬到林肯家和他们一起生活。他比林肯年长一些，能自己做些事了，砍伐大树，储藏食物，还能到林子里打猎。

终于，天变长了，变晴朗了。春天来了，森林中盛开着迎春的野花，到处是鸟儿欢快悦耳的鸣叫。随后的一天，传教士戴维·艾尔金骑马来到小木屋门前。他收到了亚伯拉罕的信，他立即响应他的呼唤，骑马百余英里前来此地。未开垦的荒原，没有足够的路标指引，在春水泛滥成湍急洪水的地方，他不得不下马游过河；夜晚，他在狼群声声咆哮的森林里睡觉。他历经种种危险，疲惫倦乏，忍饥挨饿——他为了什么呢？仅仅是站到一个可怜女人僻静的墓前，陈述她生前的善良和贤淑，再鼓励一下那些爱过她的活着的人。做这些，他追求的既不是礼品也不是金钱，甚至不是人们的颂扬，他所期盼的仅仅是完成神圣职责后的满足感。当然，当世界所有英雄名单列出来时，卑微的戴维·艾尔金的名字将比那些虽做出大事但却一心为己的人，更为高远。

邻居们得到消息，知道了有位传教士来给南茜·林肯的葬礼布道。

圣保罗传教图

大家互相转告这个消息，等安息日到来时，拓荒者们安静地聚在山坡上，附近的无花果树伸展着枝叶。他们当中的许多人远道而来，有的骑马，有的驾着马车。牧师在葬礼上的布道是件大事，男人、女人和孩子们都渴望倾听。来了足有两百多人。在居住分散的新拓居地，这次布道的规模超过人们所见过的任何聚会。

当太阳到达天空正中的位置时，传教士唱起赞美诗，一行一行的——那里没有供人们做礼拜时用的圣书——一行行的，女人和女孩子们以她们甜美但未经训练的音调，和他一起唱起来。简短的祷告会完成后，传教士开始布道。这虽是一次达不到专业水准的布道，却饱含人们的热忱和情感，演讲的内容也恰恰是那些没受过教育的听众所能理解的。它的主题，当然是这位温和的太太的葬礼，她得到了所有认识她的人们的爱。传教士在布道时重点提到她的忍耐和忠诚，她人生理想的高尚——她给了孩子们爱心呵护、悉心教导和无私奉献。

最后，布道结束了，赞美诗又唱起来，宣致祝福，然后，人群渐渐散去，带着感悟踏上归途。对少年亚伯拉罕来说，他感觉，母亲逝后他最大的心愿已经了结，自从她离去后他一直痛苦的心情有所好转。但是，另一个更大的心愿仍在：按母亲所教诲的，塑造美好的生命；如母亲所希冀的，让自己的人格臻于完美。在回家路上，他的内心被崇高的理想所充盈。尽管他才十岁，他却不再是个小孩子，他下定决心要成为母亲最景仰、最崇敬的那一类人。

许多年之后，当他受人尊敬、声名显赫，已位居世间伟人之列时，他说："我所拥有的和即将拥有的一切，都源于我那天使般的母亲。"

唱歌的天使和圣母子

〔意大利〕波提切利

8. 鸽子溪畔的沉闷日子

农场上有许多艰苦的工作要干，亚伯拉罕·林肯和丹尼斯·汉克斯，两个男孩子要从早忙到晚。在播种和锄地、砍树和滚木、劈剪栅栏和维护栅栏之外，几乎没有玩的时间。丹尼斯·汉克斯和邻居家的男孩们喜欢诱捕负鼠[①]和野火鸡，在许多月亮高照的夜晚，他们带着狗出去打猎，其乐无穷。有时候他们想说服亚伯拉罕和他们一起去，但追击奔跑时，亚伯拉罕肯定会落在最后面，因为折磨或者杀死任何生物的情景，都会触痛他。

① 负鼠是一种哺乳动物，生活在美洲。负鼠是唯一生活在澳大利亚和它邻近岛屿之外的有袋动物。

坐在家中烟囱旁的角落中，凝视着手里的书本，才是他最大的乐趣。他只有两三本书，却读了一遍又一遍。高声朗读是他的习惯——当他听到这些句子时，面前似乎出现了栩栩如生的情景，就像亲临现场那样。我猜想这个习惯养成于他最初读书的时候，那时母亲是他的老师和最满意的听众。这个习惯他保持终身，直到生命结束。

大约在这时候，他手中有了两本新书，我说不出他从哪里得到的。一本是算术，他花了许多个夜晚，学习计算规则，在炉火暗淡的灯光下认真计算。他没有书写板——

大概也从来没见过书写板是什么样子。他在一块平滑的墙板或者木板上做演算，用一块木炭当铅笔写字。

另一本书是本已破损的复写本《伊索寓言》。这是一本趣味横生的书，它的奇思妙想激起了男孩子的幻想，他喜欢向其他的男孩子们反复讲述鸟兽们的这些奇闻趣事。通过这种方式，他开始学会用赏心悦目的艺术来表达他注意到的事物——讲有趣的故事的艺术。

1 分美金硬币上的林肯肖像

深秋的一天，托马斯·林肯穿上他最好的那套手织衣服，扛上猎枪，离开了家。他没跟任何人讲他要去哪里，只说大概要过几天才能回来。就这样，三个孩子留在家里，没有因为他的离开而烦恼，因为他们早就习惯了照顾自己。

森林里有松鼠、野鸡和小鹿，丹尼斯 · 汉克斯用他的诱捕器和猎枪，可以保证他们的肉食。木屋的阁楼里有足量的玉米，亚伯拉罕 · 林肯用马口铁制成“磨面机”，做玉米面包需要多少，他就能磨多少。田野里有头奶牛，可以供应牛奶。十二岁的莎拉·林肯，知道如何用炉火烹熟野味，用荷兰烤箱巧妙地烤焙面包。尽管没有饥饿的危险，但可怜的孩子们仍处在没有衣服穿的窘境中。自从一年多以前母亲离开他们，再没有人关心他们这些。他们穿着破烂，衣衫褴褛。两个男孩都长得很高，已穿不下他们的鹿皮裤子。寒冬正一步步临近，他们根本没有衣服可以御寒。

几天过去，几个星期又过去了，父亲一直没有回家。离房子最近的邻居，也在很远的地方。孩子们除了彼此面面相觑，再也看不到别的人影了。一直未曾竣工的木屋子似乎比以往任何时候都要沉闷孤寂。

9. 生活好转

12 月的一个清晨，太阳还没升到树梢上，木屋里的孩子们听到树林边上传来的叫喊声。他们跑出来，惊讶地看到四匹马拉着一辆车正顺着乡间小路向他们家驶来。驾车的是个陌生人，坐在旁边的是他们的父亲，隔着马车白色的幕帘，他们还隐约看到一个女人和三个孩子的脸。亚伯拉罕和莎拉简直不敢相信他们的眼睛，他们站在门旁边沉默而惊愕，不知道生活即将发生怎样的变化。

马车在木屋前停了下来，他们的父亲跳下车，紧接着那个妇女和三个孩子也从轮子上爬下来。

“亚伯拉罕，莎拉，”父亲说，“这是你们的新母亲。我还给你们带回来一个新弟弟和两个新姐妹。”

他们看到那个女子面容友善、美丽，看到那几个孩子年龄和他们相仿，穿得又暖和又干净。新母亲非常友好地问候了他们，他们立即感觉到他们得到了一个好朋友。当她走进小木屋时，相比前几个月，小屋俨然成为一个不错的地方了。

马车很快卸完货，亚伯拉罕和莎拉惊喜地看到，新母亲给他们带来了多么精致美好的东西：有几把椅子，一张羽毛铺盖的床，一个带抽屉的衣柜，一只木箱，还有许多东西都是他们这个穷家从来没有过的。这

林肯的继母莎拉·布什·林肯之墓碑

个友善的女子从那只木箱中，拿出许多他们以前从没见过的衣服。很快，孩子们脱下他们身上的垃圾和碎布，穿上了干净的手织的衣服，这让他们感觉很不习惯，然而穿上的衣服又是那么暖和，这又使他们难以置信。

托马斯·林肯离开家后，回到了肯塔基州的伊丽莎白镇，那是他年轻时学习木匠手艺的地方。他去那里，是为了寻访一位名叫莎拉·约翰斯顿太太的寡妇，她和三个孩子约翰、莎拉和马蒂尔达住在那里。早在约翰斯顿太太还是个年轻女孩时，他们就相识了，那时她的名字叫莎拉·布什。现在，他毫不费劲就说服她做他的妻子，做他两个孩子的第二个母亲。

伊丽莎白镇住着一个名叫拉尔夫·克鲁莫的人，他的妻子是托马斯·林肯的姐姐。他有一支四驾车队，有专门为跑肯塔基而制造的结实马车。他很高兴有个借口去看看俄亥俄治下的那块新土地，所以，他欣然同意搭载林肯先生和他的新娘、三个继子继女，以及他们的一些家居物品，返回位于印第安纳州的家。这个拉尔夫·克鲁莫就是亚伯拉罕和莎拉跑到门口回应父亲的喊声时第一眼看到的陌生人。

林肯的父亲托马斯·林肯和继母莎拉·布什·林肯合葬处

新母亲的到来带来了许多新变化。托马斯·林肯很快就改正了凡事爱拖沓的毛病。我猜想，他肯定是急着向妻子表现他是个多么棒的木匠，所以他立即举起斧子着手工作，把砌成木屋地板的“短板”或者厚木板砍削光滑。当它们各就各位时，再用木钉紧锢，房子看上去更适合居住了。随后，在男孩子们的帮助下，墙上的裂缝也用黏土堵严实了，有了足够的厚隔板，阁楼的地板也弄好了。

林肯的父亲托马斯·林肯和继母莎拉·布什·林肯曾经生活过的小木屋

水平最高的工作算是制造屋门了，锯过的厚木板以木条连接，再用木制铰链悬挂。关上门之后，可用木制插销销住。木门上有根绳，用它可以使门上下移动，在白天，这根绳的一头穿过一个小孔，悬挂在门的外面。对要进门的人来说，“栓锁带在外面”，谁都可以由此进出。到了晚上，这根绳拨到屋里，如果不先敲门得到屋里人的允可，谁都进不了门。至于窗户，由于没有考虑使用玻璃，因此，林肯先生在窗口安上合适的窗框，林肯夫人在窗框前挂上整洁的帘子，这些窗框可以在天气恶劣时关闭，在天气好时打开。因此，在经过两年多的拖沓之后，这座木屋总算竣工了。它舒服得让你无法想象，它能变成这样，是因为新母亲有超群的整理家务的本事。

家里现在有六个孩子了——三个男孩，三个女孩——每个孩子都长大中用了。那是段愉快的时光，房子里、田野上和林间空地，有干不完的活儿等着他们。林间空地上的大树要砍伐，圆木要堆积，树根要掘出，栅栏要修筑。田野里，循环往返，总是没有休止地耕地、播种、收获、储藏。对这些劳动，亚伯拉罕相当厌倦。他不喜欢去干活儿，也从没觉得干活儿有什么乐趣。但他总是竭尽全力去干，也从没有抱怨过一个字。他已经长大了，知道劳动是改变生活的唯一方法，他已经下定决心要尽其所能去改变生活。

母亲和女孩子们在木屋里面和木屋附近发现了干不完的事。她们要梳理羊毛，梳理亚麻，把它们纺织成带花纹的布料，然后染色，再制成衣服；她们要给牛挤奶，要照顾家养的鸡；她们要搅拌黄油，制作肥皂，编织袜子；在玉米的种植或者收获期，她们顾不得考虑遮阳帽的事，径直去田野帮助那些“男人们”干活。有了新母亲带来的柜子和椅子，屋里的家具设施比任何邻居家都要优雅。尽管箬帚是用七叶树的藤条简单地绑在一起做成的，地板却一直是清洁的典范。烹饪在炉膛上做，或者在炽热的火焰上完成。他们从白镴[①]盘中取食，不用餐叉；他们用锡杯或葫芦瓢喝汤。就这样，伴随艰辛的劳动和可口的食物，日子一天天不知不觉地悄然逝去。

① 白镴，一种锡铅合金。

10．很少的一点儿教育

亚伯拉罕十三岁时，鸽子溪边的拓居者们决定建一所学校。他们说，如果不建学校，只会使他们的孩子在无知中长大。秋天的一个早晨，当玉米都被放倒在地，农场中暂时宁静了。男人都聚到十字路口，那里腾出块空地用以建学校。斧子包围了树木，大树倒向大地，圆木被砍成合适的长度，一根架着一根排起来——黄昏到来前，校舍已建成。

校舍和别的木屋很像。门开在房间的一头，每一面都有一个小方窗户。房间另一头几乎全被炉台占了——炉台是个大家伙，用蓝黏土[①]和平滑的石块垒成。圆木劈成几半做成长椅，在屋里摆成一圈当座位。一块粗厚的木板放在门口附近充做桌子，少数想学写字的学生，可以轮流站到它前面临摹。当然，屋里没有铺地板，窗户上也没有玻璃。但当天气变冷时，教师会给每一个窟窿糊上油纸——这样做再合适不过。

第一个教师名叫阿泽尔·多西。林肯家的孩子都坐到学生中了。太阳升起时开始上课，直到太阳落山才放学。

① 即球黏土，主要成分是高岭石，一种耐火材料。

早晨，孩子们出发去上学时，天还没有亮，因为学校离家有三四英里远；晚上，天上的星星开始闪耀了，他们还没回到家中的火炉旁。教师教授拼写、阅读、习字和算术“三法则”，但是学生们大多只学拼写，只有极个别的学生几门课程都学。

亚伯拉罕·林肯在学校里仍然领先，不是因为他比同学们擅长学习东西，而是他学习最刻苦勤奋。他是唯一一个清醒者，他很清楚改变现状只能通过艰苦的劳动，通过不断获取知识才能达到。其他的男孩子们对一切事物漠不关心，热衷于当个摔跤棒、跑得快、击得重、扔得准的人。他们轻视读书，如果林肯表现得喜爱学习，他们会干些让他不愉快的事。林肯所有的感情都倾注在书本上，但他摔跤、跑步、击打、投掷和其他人当中最强的一样出色。在他那时使用的一本算术书的空白页面上，可以读到他写的几行字：

亚伯拉罕·林肯
他双手与笔齐备
他将成为好样的
上帝知道何时会

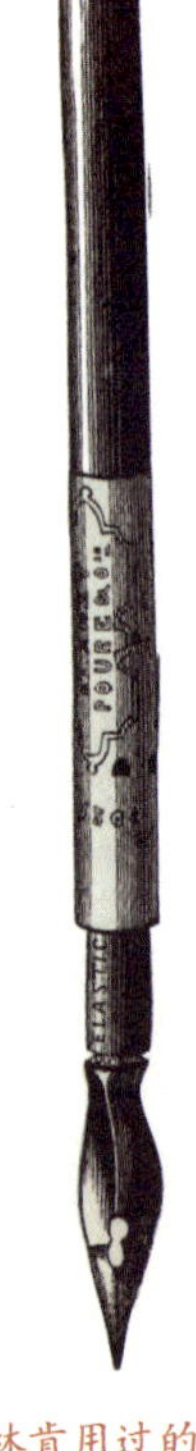
林肯用过的笔

阿泽尔·多西的学校不久就关门了。时隔两年后，才有另一名教师来这个小木屋教书。在这期间，亚伯拉罕一直静静地在家自学。似乎新拓居地的任何教师都不能把他教得更好。他父亲认为他再继续学东西简直就是个大傻瓜，读这么多的书实在是太浪费时间了。但当安德鲁·克劳福德最终在一个小木屋中开办另一所学校时，林肯夫人宣布家中的六个孩子都得去上学——他们都去了。

我们有证据表明，正是在这个学校里，亚伯拉罕写下了他的第一篇作文，作文的题目是《虐杀动物》。我们都知道他对所有的生灵怀有怎样的仁慈之心，因此很容易就能猜到他在作文中写了些什么。

第二所学校甚至比第一个开办的时间还要短。大概是拓居地的人们觉得有一点点知识就够用了，所以，又过了很长时间，木屋校舍才再次充盈孩子们诵读拼写课本的琅琅书声。

当亚伯拉罕将近十七岁时，一位名叫斯万尼的流浪教师，在距林肯家四英里半开外的一座荒废的木屋中，开设了学校。当然，年轻的林肯成为了他的一个学生。他对求知充满期待，以至他根本不在乎每天走九英里路，去向一个比他自己懂得还要少的教师学一点点东西。但他的父亲却认为他上学太多了，已经弊大于利，必须马上停止这一切愚蠢荒谬的行为，立即去干活。所以，亚伯拉罕·林肯的学校生活终结了。如果把他所有的在校时间加在一起，它们总共不满十二个月。

11. 借火炉之光读书

亚伯拉罕·林肯对书籍之爱贯穿于他所有的时间里。他如饥似渴地阅读所能找到的一切书籍。如果听说拓居地某处有本书，他片刻也不耽搁，会立即前去借阅。一次，他赤脚徒步十二英里去借一本关于印第安纳法律的书。去田间耕作干活儿时，他总要随身带着书本，当干活儿至地头马匹要休息一会儿时，他会用这时间来看书。

他父亲却不赞同他读这么多书。他认为，读书和这孩子的工作太不相合了，读书还会让他变懒惰。但心地善良的母亲总为他读书的事做辩护，她认为父亲应该允许孩子坚持自己的人生之路。“他一直是我又孝顺又本分的儿子，”很久以后她说，“在他读书时，我们要尽力不去打扰他。我们会让他一直读下去，读到他自己主动停下来为止。”

亚伯拉罕经常彻夜坐在火炉旁读书，一直读到火光熄灭。他往往会在身边堆着山胡桃木的树皮，当炉内火苗暗淡将熄时，他可以把树皮片片地扔到炉内。在鸽子溪畔新拓居地，蜡烛是普通人家根本不敢想象的奢侈品，只在特殊时刻才节省着用一点点。

无论何时，只要亚伯拉罕读到一些非常好的应该牢记的东西，他都会想尽一切办法记笔记。如果没有纸，他会用木炭或者一根红“赭石”[①]在平整木板的一侧书写。烟囱一角的圆木上记满了他零乱的笔记。当把笔记牢记于心时，他就把写在木头上的字迹擦掉，以便腾出地方来记别的东西。

纸是稀有物品，所能得到的每张纸片，他都要精心保存。他用浆果汁液、胡核壳或者野荆棘的根液做墨水，他的笔是鹅毛或者火鸡毛做成的，在那时这是最好的了。练习课本的许多页码上，他写满了图形、数字和算术例题，这些直到今天我们还能看到。

一个秋日，他听说新拓居地有个叫约西亚·克劳福德的人有一本关于美国首任总统的书。他马上前去借这本书。克劳福德先生和颜悦色地同意借给他，并嘱咐他一定要小心，别把它弄脏了。这少年刚迈开回家的步子，就迫不及待地翻开书读起来。这本书是威姆斯[②]写的《华盛顿生平》，对他而言，这是本非常精彩的书，使他内心充满了前所未有的高尚的思想和崇高的渴望。

他慢慢走回家后，一直读到夜幕降临。晚饭后，在火炉一角，他又开始读，直到最后一根木柴烧成灰烬，直到炉膛中不再有忽隐忽现的火星儿。他顺着木梯爬到阁楼的床上时，已是凌晨时分。他把书也带上阁楼，放在两根木柱的夹缝中，这样，等晨曦微露时，他不用起床，一伸手就能拿出它继续阅读。

早晨，他被屋顶噼噼啪啪的落雨声惊醒。他立即伸出手取出那本书，却沮丧地发现书已经被雨水浸泡湿透了。书脊快要散开了，一些页码粘在一起。他急急慌慌地下床，生起炉火，把书烘干，希望还能读完它——但是，无论他如何努力，书再也没能回复原状。

早饭后他带上书去见书的主人，希望能解释一下事情的始末。

① 赤铁矿的一种，呈暗棕色，可做颜料，可用于在木头上做标记。

② 威姆斯(Mason Locke Weems，1759—1825)，美国传教士。

美国首任总统乔治·华盛顿

“我非常抱歉，”他说，“我愿意为您做任何事，只要结果能变好一些，您能安心一些。”

克劳福德先生说，这本书大约值二十七美分，他还表示，如果亚伯拉罕愿意给他干三天活儿，他就满意了。

“您的意思是，干三天活儿就可以买下这本书？”男孩子问，“还是说，这三天活儿仅仅是弥补我对它造成的损害？”

“我的意思是，你可以得到那本书，”克劳福德先生说，“以后它对我没多大用处了。”

因此，在这三天内，亚伯拉罕又剥玉米又打草，最后，他兴高采烈地带着那本破书回家了。这是他自己的——由自己的劳动直接买到的第一件物品。他把那本书读了一遍又一遍。

在林子里和田野上干活儿时，他一心所想的是华盛顿——美国最伟大的人物——精彩的一生，他更加坚定了自己的决心：他要过非凡的一生，尽全力让一生精彩。也许是想成为一个爱国者、一个英雄人物？尽管他没想过当总统，但他确实使自己得到了那种荣誉和尊贵。

12. 乡村法院的讲演

此时，相比以前，他要让自己接受好的教育的决心更大了。对他来说，学习可不是件容易的事：他不能去学校；他有书，但仅有几本书；那地方也没有谁能辅导他。但他克服了种种困难，保持着持之以恒、全力以赴的态度，学一切他所能学到的东西。他学习刻苦，追求完美，因此，你根本不必怀疑他是否比今天这些又懒惰又懈怠的男孩们学得多。

大约在父亲把他从马斯特·斯万尼的学校拎出来时，他手上有了一本土地初级测量的书。他立即让自己学习科学的基本原理——大概是因为他知道乔治·华盛顿也曾做过土地测量员——亚伯拉罕·林肯梦想自己成为一名土地测量员。

当亚伯拉罕还仅仅是个小孩子的时候，他是多么喜欢模仿那些到诺伯溪畔新拓居地的流浪传教士们。长大一些后，他仍然心存成为一名公共演说家的雄心。站在树桩或木头上，有几个孩子做听众，就人们普遍感兴趣的话题做个有趣的演讲，几乎没有什么比这件事更让他激动。由于他总能得到掌声呼应，他变得愈发胆大，还在村庄聚集地对着成群的乡民做演讲练习。庄稼收割时节，父亲不许他在田野中做演讲。“因为当亚伯开始说话时，”父亲说，“所有人都停下手中的活儿，听他说话。”

十八岁那年，他赤脚徒步前往十五英里外的布恩维尔，去参观那里

林肯塑像

举行的一个谋杀案审判。这是他平生第一次参观法庭审判，也是他平生第一次看到律师们的工作。他对法官充满景仰和羡慕，在他看来，法官是所有活着的人中最为伟大和智慧的。他饶有趣味地从头听来，当看到一位律师站起来为罪犯作辩护发言时，他极其高兴。

这位律师名叫布莱肯里奇，来自肯塔基州。当他的发言完毕时，亚伯拉罕·林肯无法控制自己，他从座位上站起来，穿过法庭大堂挤到前面，把手伸向那位吃惊的律师。“这是我所听过的最棒的演讲。”他说。

那一幕很奇特。一个举止笨拙的青年，身高将近六尺四寸，站在律师面前伸出手臂。他记住了那精彩的演讲，却忘了别的一切。他穿着鹿皮外套，脚上没穿鞋，头戴熊皮帽子。他根本没意识到自己和那位身穿高档的宽大衣袍的年轻律师之间地位有多么不平等。布莱肯里奇脸上带着轻蔑的冷笑，根本没对他的仰慕者多看一眼，转身而去。年轻的林肯，还不习惯这样的世界规则，这次被拒绝让他思绪难平。这是他对社会不平等最初的体验，这也是他第一次遇到因为他的卑微而鄙视他的人。我想，他在此时此地，一定下决心某一天要获得相当的地位，让布莱肯里奇先生这样的伟大人物都渴望来握一下他的手。许多年后两人再次相遇，那时，林肯先生已是美国最伟大的人，他向布莱肯里奇先生提起法庭的那一幕——尊敬的布莱肯里奇先生早已忘得一干二净，但卑微的落后的乡民却记忆犹新。

这次布恩维尔之行后，亚伯拉罕的心思已被成为一名律师的念头占满。他并未期望立即成为一名律师，毕竟他还有太多的书要看，有太多的活儿要干。他会把手中所有的活儿干好，为了达成目标，他做任何需要他的事，不操之过急或者悲观失望。但他所期盼的目标，是一份光荣的职业，是对神圣法律的践行。尽管农场上的活计对他无益，他也不喜欢，但他尽心尽力地学习如何用最好的办法去做所有的事情。

他的个子已长得很高，力气也很大。搬重物、劈砍和摔跤，他均在新拓居地超群出众。当然最棒的是他在同伴间闻名的友善、勇敢和忠诚，其品性之高在所有居住区的男孩子中都非同寻常。

13. 当船夫的日子

托马斯·林肯认为，像亚伯拉罕个子这么高、这么有力气的男孩子，应该去挣钱。因此，秋天到来时，等玉米都打理清了，农场里没有多少非干不可的活儿了，他把亚伯拉罕送到俄亥俄河，租给一个名叫杰姆森·泰勒的人当短工。这个少年开始划起平底的小船，给往来于河流两岸的旅客摆渡，让他们在印第安纳与肯塔基之间通行。他获准得到了归自己使用的小船，父亲每星期得到两美元五十美分。

亚伯拉罕·林肯现在知悉了更多关于新世界的知识。他从没学过地理，对国家的地理区域也不很清楚。他发现汽船沿河流向上可达辛辛那提或者匹兹堡，向下可抵圣路易斯或者新奥尔良。但他从未见过城市，他听到的那些发生在城市的事件，对他来说无异于神话故事。

虽然有旅客要渡船过河，但人数极少，所以，许多日子中他没有多少事情可做。秋晴煦暖，躺在河岸，看河面上大小船只顺流而下，这样的时光惬意无比。但年轻的林肯可不想把时间浪费在无所事事中。住在附近的派特法官，拥有满满一书架的书。在等待乘客的空隙中，这个年轻渡夫常常跑到法官办公室去看书。而法官看到他这么爱读书，友好地许可他随意取出阅读。

男孩子有时会将自己就某一确定问题的观点写在纸上，这让他从中得到许多乐趣。他所作的文章中，有一篇评点了《禁酒令》。法官读后，非常喜欢那些好句子，把它交给了一位传教士，再送至俄亥俄州，在那里的报纸上发表。年轻的林肯还有一篇文章是关于“政府政策”的。那时，他一点儿也不像从没见过报纸的人，最奇怪的莫过于他竟然懂得那些政策。那文章写得特别好，罗列了许多专业的知识，以至对一位律师来说，它宣示了“全世界都不能驳倒它”的真理。

林肯像

亚伯拉罕当船夫的时间并不长。冬天到来，河面结了厚冰，旅客很少，船夫们只好将船抛锚岸边，暂时歇业了。少年兴高采烈地回家，把挣的钱交给父亲。对他来说，世界似乎比以前大了许多，他热切地盼望着，有朝一日能够走出去，看一看世界最繁华的中心正发生着什么。

这些想法使他萌生了一个希望，建造一艘平底船，沿河流把农产品运输到能卖个好价钱的地方去。整整一个冬天，他忙着思索和工作，砍木材造船，把木块聚敛在一起。他很轻易就说服父亲，只有出去冒险闯荡才能做出些事来；可母亲连连摇头，她不希望孩子离开家。当春雨滴落时，小小的鸽子溪的水面漫过堤坝，亚伯拉罕最终得到了母亲的许可。他的小船在溪流上起航，开始了一段到俄亥俄州的旅行。

这小小船只，漂流在小溪狭窄的河道中还算牢固，可一旦驶上大河的涡流中它就脆弱不堪了。年轻的林肯并不害怕到河流深处历险。他停船靠岸，开始研究是否有什么办法让小船变得更坚固、更安全。两个陌生人带着他们的大行李箱正在岸边等待顺流而下的汽船。由于这里不是码头，所以汽船不可能会到这里靠岸。如果乘客需要上船，它只能停在河中央，等待他们向它渡过来。

这两个陌生人看着那艘抛锚在岸边的与众不同的船，最后，他们走向年轻的林肯。他们似乎对那艘新船颇有兴趣，说：“你愿意把我们和行李箱送到汽船那里吗？”

“当然可以！”林肯说。因为他相信，以他的气力完全可以在短途旅程中驾驭好这艘小船。他还希望，这两人能付给他一些小“费”。

把行李箱放到小船上，两个人径自坐下，个子高高、肌肉结实的年轻人划起桨，很快把他们送到汽船上。他知道如何操纵小船，即使是在大浪中。那两个人爬上了汽船，他们的行李箱也被举到甲板上。汽船鸣笛了，船员开始启动汽船。“你们忘了付钱给我！”林肯大喊。于是，这两位旅客每人取出半美元的银币投到他的小船上。机器喷出烟雾，桨轮转起来，汽船顺着湍急的河水开走了。年轻人捡起两枚银币时简直不敢相信这是真的。这是他第一次给自己挣到钱，对他来说，这笔钱可是个大数目。他，一个来自偏僻乡下的穷孩子，在这么短的时间内居然可以挣到这么多钱，这件事美妙得让人难以置信。

14．新奥尔良和密西西比

林肯的小平底船最后去向如何，以及他为什么放弃自己那次特别的航行，我们不得而知。我们再次有他的消息，是他受雇于詹特利维尔的店主詹特利先生，驾一艘更大的船顺流而下去往新奥尔良的市场。这是一艘被船夫们称为“广角”的船。它宽阔，平底，船体中部有个小小的空厢或者遮蔽处，可供人休息睡觉。空厢里面有个黏土炉子，人们可在那里生火，还能做饭。船上载满肉类、玉米以及新拓居地出产的其他物品。年轻的林肯作为船长，掌控前面的橹。他获得许可，如果此行平安顺利，他会得到足够坐汽船回去的钱，而且，他出来期间父亲还会得到每周两美元的报酬。他唯一的同伴和助手是雇主的儿子艾伦·詹特利。

你们肯定知道那个时代世界上还没有铁路。在西部地区任何形式的路都少得可怜，这些路也大多数是四轮马车穿过森林轧出的辙印而已。由东部越过群山峻岭向西部运送货物，既艰难又昂贵。西部沃野出产的玉米、小麦和肉类经由同样的群山峻岭，运往东部的纽约或者费城，也因为巨额的运费而不足取。

拓居者们要给他们丰富的产品找到市场，水路是唯一的通途。由于那个地区所有的大河都汇入俄亥俄河或者密西西比河，所以那两条大河成为交通干线。密西西比河入海口处的新奥尔良是西部和南部的贸易中心，也是当时美国最繁忙的城市。

在亚伯拉罕·林肯顺这条最大的水路，将詹特利先生的广角船领航到新奥尔良途中，他看到了一幕幕完全新鲜而陌生的场景。这儿的河流上要繁忙喧哗得多。各式各样的船只顺流而下——平底船、游艇、篷船、木筏子——都驶到这个地方来。载满货物和乘客的汽船，进进出出，来来往往。对这个在安静偏僻的乡村长大的青年人来说，这儿的繁忙和运转看起来实在太奇妙了。

沿河有数百英里没有市镇。站在汽船上略高的后部看去，不时有荒凉的空地映入眼帘。视线所及之处，不时出现拓居者们那掩映在河岸两侧丛林中的房屋。他们的左侧——今日的孟菲斯市附近——可见大片绵延的切罗基族[①]印第安人仍在狩猎的林地。数千只野鸭和其他的水鸟成群地栖居在溪流和峡谷中，船上的人们不时看到胆小的鹿群在树林间奔跑或者寻找丛林深处的藏身之所。

① 北美易洛魁人的一支。

每一天，天气都会悄然变暖一点儿。每一天，河岸都会悄然变绿一些。这个年轻人从未见过的各种树木和花朵次第出现。继续前行，他们一点点地驶进一个看似全新的世界。他们所经之处，随处可见棉花或者甘蔗种植园，看到成群的奴隶在田间劳作。鳄鱼在晒太阳，小船懒洋洋地在小河及小湾处游弋，陌生的鸟儿在他们头顶盘旋鸣叫。岸边多处长着枝繁叶茂的大树，树身及枝条上布满一层苔藓。他们穿过一个名叫纳齐兹的古镇，那儿的人都讲法语——因为最早在路易斯安那定居拓荒的人来自法国。经过许多历险后，他们最后到达繁忙的新奥尔良码头，这里是他们旅程的终点。

跟随年轻的林肯了解他对那些城市街上陌生场景的想法，一定相当有趣。这儿的人来自各个阶层，来自多个国家，

林间小道
〔荷兰〕霍贝玛

商人、海员、种植园主、奴隶，还有像他一样来自偏僻地区的人，来自遥远的东北地区的猎人，来自大海另一边的船长等等。这里还有各式各样的货物。码头上排满了汽船和其他水上交通工具。来自海上港口的帆船在河流中停泊。事实上，看上去简直像把整个精彩的世界都融汇到这个巨大的市场上来了。

不过，两个小伙子没在这有趣的街头驻留太久。他们来新奥尔良是为做买卖，不是为了休闲。不到几个小时，他们就把他们那点肉类和玉米货物卖完了。这时他们还要处理他们的平底船。由于在设计制造时，这艘船被设计得只适合用于顺河漂流，现在它除了当柴烧已经毫无用处了。果然，他们没费什么时间就处理了它。然后他们登上去往上游的轮船，快速朝家乡航行，那速度确实很快。

最后，当两个年轻人再次踏上印第安纳的土地时，他们有了许多关于冒险的精彩故事可讲了。把詹特利先生的货物卖得的钱交给他时，他们非常自豪，因为詹特利先生说再没有谁能把这事干得这么漂亮了。

亚伯拉罕·林肯现在十九岁了。在眼界大开之后，他开始厌倦鸽子溪畔单调枯燥的生活。相对同龄的男孩而言，他已经做了大量艰苦的工作，然而他的父亲拿走了他的全部收入。他所拥有的可以称为自己的钱，仅仅一个美元。现在不是到了可以为自己做些什么的时候吗？一艘俄亥俄河上的轮船船长有意雇用他做甲板人员。他将继续见识更多的世界和更多的忙碌的人。为什么不去呢？

他在家中没和任何人提起这件事。偶尔走到他当摆渡男孩的地方时，他遇到了一位他信任的好友。

"威廉姆·伍德，"他说，"我该怎么办？我该为自己而活，还是应该留在父亲身边，为他服务？像我一直所做的那样，什么也得不到？"

"亚伯拉罕，"威廉姆·伍德说，"你现在刚十九岁。在你二十一岁之前，你的时间归你父亲支配。回家帮助你父亲吧。"

此时，年轻人忽然想起他那天使般的母亲最后的话语："帮助你父亲。像我教育你的那样好好活着，要永爱上帝。"这话如醍醐灌顶，让他想明白了。他立即摈弃了所有想离开家的念头。他下决心，他将完全地尽职尽责，相信上帝会安排好未来。他欢快地回到家中，悄无声息地去农场里干起他常干的粗活儿。

15. 搬家碰运气

1830 年 2 月，亚伯拉罕 · 林肯二十一岁了。他现在是自己的主人了，可以去他想去的任何地方。但这时，关乎家族命运的另一个巨大变化即将发生，他决定多帮父亲一段时间。

那个冬天有封信件到达托马斯手上。写信人是亚伯拉罕的表兄弟约翰 · 汉克斯，他住在伊利诺伊州的德凯特附近。信中，汉克斯一家因那片坐落于萨加蒙河岸山谷中的新土地兴致勃勃。他们还给林肯一家讲述了许多关于大牧场和林间沃土的精彩故事。在信的结尾处，他们用极富鼓动性的句子说道："快点卖掉你们在印第安纳的农场，来这里吧！来吧，在这里，你从政府手中买一亩地，仅仅花一美元二十五美分！"后来，他们又收到一封比前一封情绪更为急切的信。约翰 · 汉克斯已经选好一块一百六十亩的土地，这是那个地区最为上等的沃土了。他准备把这块土地留给托马斯·林肯，只要林肯答应明年开春迁居这里。不仅如此，汉克斯还将砍伐拖运大量木材，准备建造小木屋——这样当林肯一家到来时立即就能住进预先准备好的新房子。

其实，托马斯 · 林肯根本不需要这些劝诱举动，他本人一直是个不安分、随时准备搬家的人。如果他那生性谨慎的妻子有与他同样盼着离开故居寻找新家的心思，他们早就搬离此地了。搬来鸽子溪已经十三年多了，他现在仍然穷得不名一文。到伊利诺伊州生活，总不至于比在印第安纳的生活更糟糕——应该说，在伊利诺伊生活远比现在容易。不管怎么说，那里的土地又富饶又充盈，而且还相当便宜，那里肯定会为刚刚开始涉世的孩子们提供更多更好的发展机会。

因此，最后，林肯全家人同意去那个名叫“伊利诺伊”的新地方碰碰运气。他们的农田不值一卖，便宜处理给了别人，库存的货物和粮食也都卖掉了。在亚伯拉罕·林肯二十一岁生日这天，全家人都在为即将开始的漫长而艰难的行程忙碌。

林肯纪念堂

3 月份，他们开始出发。所有的家用物品都打包，装进四轭牛车那长长的车厢中。这支远行的队伍有八个成员：托马斯·林肯夫妇；两个继女及其夫婿丹尼斯·汉克斯和列维·豪尔；林肯太太的小儿子约翰·约翰斯顿；当然，还有亚伯拉罕·林肯。至于小林肯的姐姐莎拉·林肯，她多年前嫁给阿伦·格里格斯比，现在已经不在人世了。

如我们所知，不是每个人都能骑在马上——由于车厢已经被床具、餐具和农具占满了，所以有五个人必须徒步跋涉，有时候连妇女们也觉得步行比坐在车厢中徒增负载要强一些。亚伯拉罕是车夫，他在队伍的一侧大步行走，不时发出呵斥或者甩动鞭子驱赶着驾轭的牛，拉车穿过片片烂泥塘和沼泽地。

地面还没有从冬天寒冷的冰封中完全解冻，小溪已因春雪消融而涨得满满的。河面上漂移着冰块，空气又潮又湿，冰冷刺骨。有时，牛车会陷进淤泥潭中，他们就一起动手竭尽全力把它拖拉出来。夜晚，他们在树林间或者小路一侧露营生火，几个人睡在牛车上，其他人则双脚朝着火堆睡在地上。这条旅程充满了人们难以想象的艰难和不适。从鸽子溪到德凯特镇，这段不足两百英里的路，却让这个家庭跋涉了整整两个星期。

约翰·汉克斯对他们的到来致以热情的欢迎，如他当初所许诺的，他已经把准备建造小木屋的木材砍伐并拖运到合适的地方了。对六个早就习惯了干这类粗活儿的身强体健的男子汉来说，把这些木材建成居所再盖上顶子，不

博韦附近的风景
〔法国〕弗朗索瓦·布歇

过是几天即可竣工的一碟小菜。所以，在离四月底还有相当长的日子的时候，林肯一家已经舒服地住进了自己位于萨加蒙河流北岸的新家。

那时，伊利诺伊建成为联邦的一个州差不多有十二年了，它比印第安纳州刚好早两年加入联邦。但人们去往这里的步伐仍然很缓慢，数千英亩的沃土闲置无主——它的所有权归联邦政府。很奇怪的是，那批最早的定居者们避开草场，选择到大大小小的树林中安家，或紧邻较大的河流居住。出于种种原因，他们认为那些不长树的平原也必定不适合做农场耕种粮食。很长时间以来，他们坚信那些地方只能用来做牛羊的牧场。

鉴于此，当亚伯拉罕·林肯最初抵达伊利诺伊时，这个州只有几处稀疏的居住地，几乎所有的居民都住在森林地域或者河流沿岸。大多数占据南部和中部地区的居民，多是来自肯塔基或者邻近的南方各州；而住在较远的北部的居民，则主要来自新英格兰州或者纽约。对所有的先驱者而言，生活的艰辛和我们已在印第安纳州看到的无异。那里的学校和教堂少之又少。那些居民通常粗俗不堪，不识礼节，然而他们热心肠，乐于助人。他们极少用到钱，因为几乎所有的买入和卖出活动都是通过实物交易来完成的。每个家庭都不得不自己种粮取食，通常也自己织布缝衣。每个人都穷困不堪，当然林肯一家也是如此。尽管他们贫贱卑微，但却发现他们的日子并不比他们的邻居更差。他们怀着对未来生活的憧憬和希望，却又不抱必然的期望，就这样在新房子中开始了全新的生活。对他们而言，还要花相当长的一段时间来适应极为贫困的生活。

16. 大雪覆盖的寒冬

亚伯拉罕·林肯认为自己有责任看到父亲在新农场上有个好的开端再离开家开始自己的生活。许多日子里，亚伯拉罕挥动斧子和大槌的声音在木屋周围的小树林中声声响起，那是他正在砍伐树木，并把枝干砍削成大小不一的横木。“瞧！他砍得多么好！”丹尼斯·汉克斯在远处赞叹，“他的斧子简直快得像闪电，锋利得像利齿，几下就放倒一棵大树！如果你听到他砍树的声音，你一定认为那是三个人在同时干活儿，只有三个人才能砍得这么快。”

有了这些横木，亚伯拉罕帮助父亲建成了一道栅栏防护墙，把那块十英亩大的牧场圈围起来。紧接着，他又给牛上轭驾犁翻耕草地，准备种植玉米谷物。现在，一切都进展得相当好了，年轻人开始谋划到别的地方找活儿干了。

他仍然穿着多年前制成的鹿皮裤子。做裤子时他还没长大成人，现在它实在是太破旧短小了。要离开家，他竟然没有一条合身的裤子。他没有钱购买任何他所需要的东西。

离他父亲的小木屋几英里处，住着一位名叫南茜·米勒的妇女。她有一大群绵羊，还有一个纺线车、一台织布机。她是个手脚勤快的女人，织了许多斜纹布料和亚麻羊毛混纺布，她做的衣服全家人都穿不完。亚伯拉罕听人说，她需要一些横木，以建成栅栏保护牧场。这可是个得到衣服的好机会。他前去拜访她，一笔交易很快达成。她同意给他一条“用白胡桃树皮漂染过的褐色斜纹布”做成的裤子。作为回报，每使用一码斜纹布，他就必须劈砍出四百根横木，每根长度十英尺，尺寸合适。

就这样，亚伯拉罕不时帮父亲干活儿，不时帮邻居们干些零活儿，夏天悄然逝去，另一个冬天到来了。

1830年的冬天令伊利诺伊州最为难忘——那是一个“大雪覆盖的寒冬”。大雪从圣诞节那天开始下，不一会儿地面上就有了三英尺厚的积雪。随后天上飘落的冻雨边下边结冰，空气变得无比寒冷，大片的雪片结成了厚厚的冰床覆盖在地面上。这场冰雪冻死了许多人。对那些幸免于难的人来说，从那以后日子充满了悲痛和不幸。在那个残酷异常的冬天，大量的鹿群和其他野生动物因饥饿而死，也有的冒失地靠近人类居住的小屋，结果却被人类轻而易举地猎杀了。

当最后的积雪消融时，亚伯拉罕·林肯和一个有过冒险经历的年轻人熟识起来，这个人的名字叫邓顿·奥福特。奥福特先生收购各类产品，准备用平底船运送到新奥尔良去。他听说那个名叫林肯的年轻人曾经沿河而下去过新奥尔良，便非常希望能雇林肯做帮手。恰好亚伯拉罕正无事可做，二人一拍即合。船员包括林肯、表兄约翰·汉克斯，还有他继兄弟约翰·约翰斯顿，船长当然是奥福特先生。每个年轻人每天可得五十美分的报酬，如果旅程结束时证实此次出行利润丰厚，那么，每个人还可分得二十美元的红利。

沿密西西比河漂流的第二次行程，实在没什么值得再说的了。看上去，这支小小的船队一帆风顺。他们平平安安地抵达新奥尔良，船上的货物也卖了个不错的价钱。在等待汽船返回家乡时，几个年轻人好好看了看这座南方城市。他们走访了法语区，这块地方是当年西班牙殖民者建立的。他们在船上和大型市场上花了不少时间，目力所及处处都有黑奴辛苦劳作的身影。

有一天，他们还现场参加了一个黑奴拍卖会。那个拍卖会上有不少黑奴出售，黑奴像牲畜或者其他不会说话的动物那样被人买卖。天性善良的林肯被这情景深深震撼了，看到那些男男女女的奴隶们被铁链锁在一起，不时被皮鞭抽打，承受着种种令人发指的虐待，林肯一向温柔的心被刺痛了。许多年以后，约翰·汉克斯说："就是在这次旅程中，林肯确立了他对奴隶的政治立场。1831 年 5 月的情景给他打下了深深的烙印。关于这些，我曾听他反复说过许多次。"

这些年轻人没有在新奥尔良长久停留。他们乘坐河岸停泊的头班轮船，几天后到达了圣路易斯。在这里，亚伯拉罕和他的继兄弟辞别奥福特先生，穿过伊利诺伊原始草原，向着家乡的方向启程了。他们走遍了科尔斯乡间所有的路，那时，托马斯·林肯正在这块土地上生活。托马斯是一个生性不安分的人，他对约翰·汉克斯替自己在萨加蒙山谷中选的土地并不满意。在这一年即将逝去时，他们全家离开了这里，再次搬家。

葡萄牙建立的第一个奴隶贸易市场

17. 经营乡间小店

同年夏天即将结束时，奥福特先生在纽萨勒姆小镇开设了一家小杂货店，还捎信给林肯，让他来当店员。纽萨勒姆是个非常小的地方，毗邻萨加蒙河，在斯普林菲尔德[①]下游大约十二英里处。如果你在学校用的地理课本的地图上寻找这个小镇，你是找不到的。因为它存在的时间非常短促，现在已没有任何房屋来证实它曾经存在过。从街道或者居民房子举目观望，可以看到开阔的空地和舒缓的河堤，覆盖着极为茂密的杂草和灌木。只是到了 1831 年，这里建起了一座磨面工厂，附近也渐渐聚集了一些居民。人们陆续搬来，并投入建设，以至人们都觉得这块地方能发展成繁荣的城镇。确切地说，这里紧邻河道，水力资源丰富，相比在广袤草原中只有一条斯普林溪穿境的斯普林菲尔德，纽萨勒姆无疑具有更多的天赋区位优势。这块地方理所当然被认为是开设小商店的最佳位置，而奥福特先生所做的最具判断力的事情莫过于雇佣亚伯拉罕 · 林肯为店员。

① 又译“春田地”，城市名，伊利诺伊州府所在地。

这个小杂货店很快就成为附近所有邻居们都倍觉有趣的地方。男人们在等待磨面机把谷物磨成面时，就聚到小商店里闲侃牛羊、庄稼或者天气；女人们也前来凑热闹，林肯纪念堂位于华盛顿特区国家广场西侧，阿灵顿纪念大桥引道前，与国会和华盛顿纪念碑呈一直线。

买些针头线脑或者便宜的布料。他们几乎没有什么钱，买了货物就把家里吃不完的黄油或者鸡蛋拿来充抵费用。

小商店雇来的长得高大笨拙的“职员”不太像优雅的绅士，一点也不像那些邻居们所想象的样子。但是，尽管他笨拙不雅，但他那让人愉悦的礼貌却把他内心的友善展示给了所有顾客，他很快就结交了不少朋友。他对人忠诚正直，诚信可赖。这些没什么文化的居民送他一个绰号“诚实亚伯”——这个头衔他保持了整整一生。

在纽萨勒姆小镇的这一年，他听到许多奇闻轶事，而这使得他愈发有别于他人。他是这一带有名的和事佬。跑到小杂货店来的粗鲁乡民经常挑起争端，吵闹不休。如果没有林肯的友好介入，有些时候那些争吵会恶化，甚至引发流血打斗。他英勇果敢，身强体健，而且他总能站在正直和公正的一方，所以人们都很尊重他。因此他不但能平息争斗，还能在无他人在场的情况下，让宿敌尽释前嫌。至少有两次，他有力地回击了那些妄图逞能的惯于欺负他人的愣头青。但他每每教训完那些应受惩罚的家伙，却又能马上和他们化敌为友，并让他们明白他对他们毫无恶意。在新拓居地，年轻人身上通常都有各种毛病和恶习，而林肯却一直洁身自好。他不酗酒，甚至从不喝烈酒，也不赌牌，不欺凌弱小，也不和那些冒犯他的人争吵。他事事处处彬彬有礼，又兼公正和真诚，无论莽夫还是绅士，都尊重喜欢他。

前文已经说过，那个时候西部地区没有多少货币可用，一个家庭一整年也不见得能看到一个美元。到杂货店无论买什么东西，都是以某种形式的实物交换——可以是粮食谷物，也可以是羊毛，或者是鹅翎、黄油、鸡蛋、生禽、熏肉，农场中出产的任何东西都行。手手相传的流通中的货币，远远不像我们今天使用的这么多。几乎所有的银币都是西班牙制造的，最为著名的银币是西班牙“半里尔”，新拓居地人们称它为“五便士币”，它值六美分；另一种银币，约是“五便士币”面值的两倍，大约折合十一美分，人们称它为“莱维”。

有一天，奥福特先生的小杂货店来了个客人，买走许多东西，付款时使用的是现金。等那客人走后，小林肯才注意到他弄错了款项，收的钱有点儿多了。整整一天，林肯一直想着多收的那枚银币。晚上杂货店关门时，他马上步行横穿几英里的草地，想办法把这枚硬币送回它本来的主人手里。还有一次，天黑了，他的小杂货店正准备打烊，有个女顾客前来买半磅茶叶。屋里的蜡烛已经吹灭，一时半会儿无法再点亮，林肯在漆黑的房间里摸黑称了茶叶重量。次日早晨，当他打开店门点起蜡烛，这才看到他昨晚给那个女顾客称量的茶叶，少称了一半。他未作停顿，立即称出少付的四分之一磅茶叶，并马不停蹄地给她送去。

在给奥福特先生干活儿期间，林肯珍惜一切可用于学习的时间，从不懈怠。他已知晓，如果想语言清晰、写作准确，就必须懂得语法规则。他从没读过任何介绍英语语法的书，他向纽萨勒姆的学校校长请教，在哪里可以得到这方面的书。

“从这里朝斯普林菲尔德方向走，在半路上住着一位先生，他在东边下游那里教书，”校长回答，“他有一本柯卡姆语法的旧抄写本，我想他肯定会借给你的。”

“那么，您认为没有老师指导，我能看懂那本书吗？”

“我绝对相信你能读懂。学习勤勉，记忆力好，任何人都能学会那本书里讲的所有语法。”

“嗯，我自以为记忆力还不错，学习态度也还勤奋，”林肯说，“所以我会学到我想学的东西。”

夜色深深，林肯离开小杂货店，前去借那本语法书。走过十二英里的夜路，他腋下挟着那本书回来了。之后的几天，那本书一直没离开他，杂货店的生意稍有停息，林肯马上翻开书页勤学不倦。很快他就发现自己已把所有的语法规则烂记于心，但仍会在实际运用时犯些错误。只有极为耐心地改进发言，并时时处处运用正确的语法，他才能最终避免那些惯常的错误，才能用标准无误的英语进行发言和写作。

事实证明，奥福特先生不是个成功的商人。他冒了大量风险，赔了不少钱，仅仅几个月后，位于纽萨勒姆的这间杂货店就关门了，亚伯拉罕·林肯只好再次寻找工作。

18. 黑鹰战争中初露头角

伊利诺伊州北部的洛克河畔山谷中，曾经生活着一个名叫萨柯斯的印第安部落，他们的邻居和近族是福克斯人，他们世代生活在这片美丽富饶的地区，他们和我们这些文明开化的人热爱自己的出生地一样深爱着那片土地。但是，白人们发现，印第安人拥有的那块狩猎场地和玉米田是世界上最富饶的农田。“真是太遗憾了！”他们说，“这样的良田却被那些野蛮没开化的原始人占据着！”

印第安人当然不想把土地划分给别人，但是白人施加的压力使他们困境重重，难以长久坚持。最后，一些胆大的印第安人借着烈酒作用下的醉意，迷迷糊糊地同联邦政府签订了合约，同意放弃他们多年来狩猎的土地，以此做交易，期望能保存密西西比河以西的土地。许多人不愿意离开故土，但如果所有人能听从劝导，搬到洛克河另一岸，就不会有武力和恐吓胁迫发生。

萨柯斯人的部落首领中有个叫黑鹰的人，是英勇善战的勇士。那时他已经六十多岁了，他从始至终反对印第安人将自己的土地卖给联邦政府。他认为，那帮胆大包天的家伙在签订合约时并不知道他们干了些什么，白人们也没有权利高人一等。他对部落被迫迁往的新居住地非常不满，并因族人承受的苦难而满腹悲愤。保持了数月沉默后，他带领一小队萨柯斯和福克斯人，再次越过密西西比河回到故地。有人问他想干什么时，他回答：“我们要进入洛克河谷一带，在那片仍然属于我们的土地上种植玉米。”他的一些追随者难以管理，他们零零散散地四处出击，不但烧毁白人的农舍，还杀死挡住他们道路的白人。洛克河谷驻扎着一小支联邦政府军队，他们人数太少，无力抗击强大武力的野蛮人。警报在全国鸣响，政府紧急招募志愿者，以把印第安人驱逐回他们现有的领地。

奥福特先生的杂货店关门没几天，政府就发出了招募公报，亚伯拉罕·林肯正无事可做，立即应征入伍。还有几个邻近的青年也加入了志愿者队伍，组成了一支小分队。

这些人聚在一起后，当务之急是选出一个队长。队长候选人有两个，除了亚伯拉罕·林肯，还有一个名叫柯克帕特里克。人们相互说道：“愿意跟随林肯的，站到马路的左边；愿意选举柯克帕特里克的，站到马路右边。”

这是一次简单的选举，当人们做出自己的选择后，才发现站在林肯这一边的人数，足足是站在柯克帕特里克那一边的两倍。这是亚伯拉罕·林肯进入公众社会的第一次胜利。三十年后，当他当选美利坚合众国总统时，他说，最早的那次选举才是他生命中最让他踌躇满志的选举。

林肯队长带着他的小分队跨过州境，前往印第安人不断制造麻烦的地方。他们奉命在密西西比河岸露营扎寨，并在那里等待船只渡河。这群组成小队的青年人来自林地或草场，他们都是蹩脚的盲从者，粗俗无礼，鲁莽愚蠢，难以管理；但林肯队长却能让他们服从各种命令。他跟他们一起玩游戏，还成为最强力的搏击手、最出色的拳击手，在小分队中树立了自己的威信。

有一天，一个衣衫褴褛、饿得要死的印第安人来到他们的宿营地。他带来了凯斯将军的一封信，以示他对白人很友好，白人应该信任他。但他一开始并没有出示这封信，于是白人士兵向他跑过去。

“干掉这个印第安家伙！”他们喊叫着，“这个间谍！”

印第安人只得举起那封信，有个士兵把信抢了过去，大声念了出来。

“这是伪造的！”一些鲁莽的士兵吵嚷着，“凯斯将军不会写这样的信。”

“开枪！”喧闹愈响，“他跟别的野蛮人没啥两样儿！有谁听说过值得信任的印第安人？”

“没错！”一个身材魁梧健壮的肯塔基人说，“想想那些被他们杀死的妇女和孩子吧！”

“必须杀死他！”粗野的叫嚷声此起彼伏，十几支步枪一起举起瞄准。

杰斐逊·戴维斯

“住手！别开枪！”林肯队长说，他站在那个印第安人和愤怒的敌对者们之间，“他现在受我保护，谁敢碰他一根指头，谁就得死！”

步枪一支接一支地放下了，士兵们阴沉着脸嘟囔抱怨着离开。许久以后一个当事人说，在他一生中，他从没见过林肯如此愤怒。

一天天过去了，依然没有船只前来。这支征募来的小分队服役期满了，大多数人开始逃避职责，并乐此不疲地寻找各种借口以能早日回家。但是印第安人仍在进行战斗，林肯不久即以普通士兵身份应征加入另一支军队，这支队伍比他原先那支队伍要大得多。这支新队伍以“骑兵巡逻独立侦察队”闻名，旋即进入洛克河畔区域，在离现在的伊利诺伊州迪克逊市不远处宿营。又有一些士兵来到营地，他们中的许多人当时不为人所知，但随后都在国家历史发展中逐渐声名鹊起。这些人中有扎卡里·泰勒，陆军上校团长，十七年后他当选为美国总统；和他在一起的还有陆军中尉杰斐逊·戴维斯，三十年后成为南方邦联总统。亚伯拉罕·林肯与这些人都不同，这个瘦削的新兵来自贫穷落后的萨加蒙，最终获得的荣耀竟然和那些出身地位远比他高的人相仿。在所有的志愿新兵中，他因勇敢和富于幽默感而受人欢迎，他擅长讲故事的本领也使人难以忘怀，这样使得他成为独立侦察团最优秀的士兵。

但他终究没有机会在战场的激烈战斗中表现自己的英勇无畏。独立侦察团并没到达敌人有可能占据的地方，亚伯拉罕·林肯连敌人的影子还没看见，战争就结束了。7 月，大批军队向威斯康星州绝壁处的黑鹰的营地发起进攻，黑鹰组织的武装遭到血腥屠戮。那些侥幸逃生的人前往密西西比河，他们最为焦头烂额的事是如何渡河，如何回到联邦政府划给印第安人的专用土地上，但他们在大河的东岸遭遇劫杀，到处是血流成河的惨象，几乎所有的幸存者都被野蛮地杀死了。

在野蛮杀戮中，黑鹰得以逃生，但几天后即被联邦军队活捉，被押往华盛顿。最后，这位无所畏惧的老人站在杰克逊总统面前，发表了简短但值得永远铭记的演说。他说：

安德鲁·杰克逊总统

“我是个男人，你也是个男人。我的目的不是打败白人，我们高高举起斧头，只是不愿再继续承受屈辱，那屈辱我们已忍受得太久，太久。如果再一味忍受而不挺身而出，我的人民会说，‘黑鹰是女流之辈，还老朽不堪，根本不配当我们的首领，他是个没种的软蛋！’正是这些促使我为战斗而振臂疾呼。我没什么可说的了，这些你都一清二楚。”

从密西西比河到阿勒格尼山脉，印第安战争席卷了半个国家，现在就这样硝烟散尽。印第安人在白人文明推进的紧逼下一步步退守西部；白人则一步步地把印第安人赶出传统的狩猎区，并占据了一片片土地。迄今为止，只有极其稀少的地块归印第安人所有。

罗伯特·安德森中尉

战争结束了，志愿入伍的士兵们当然也得解散。联邦政府军队中一位年轻的指挥官解散了独立侦察团，这位年轻军官正是陆军中尉罗伯特·安德森——二十九年后，他作为萨姆特堡[①]的少校指挥官打响了美国内战的第一枪。亚伯拉罕·林肯和一名同伴决定返乡，他们从洛克河谷一直走回纽萨勒姆。

① 萨姆特堡是美国内战时邦联夺取联邦的第一个海港要塞。1861年4月，南方邦联政府皮埃尔·博雷加德将军要求要塞服从南方分裂主义者组建的邦联政府，但是北方派驻负责指挥保卫南卡罗来纳州的查尔斯顿港的罗伯特·安德森少校拒绝了这一要求，美国国内战争由此打响。

19．选举——但当选者不是林肯

当林肯回到位于萨加蒙的小镇时，人们争相前来见他，争相和他握手。十天后将开始一次选举，每个区的选民要选出一名代表进入州议会。年轻的林肯早早地宣布他会成为候选人，现在昔日的邻居们都呼吁其他人支持林肯。

按惯例，所有的候选人都要在选区的不同场合发表竞选演说，承诺并阐述他们如果当选会为人们做些什么。选举迫在眉睫，亚伯拉罕·林肯几乎没有时间为演说做准备，但他仍然怀着饱满的热情和坚定的精神，登台演讲，参与竞选。

离斯普林菲尔德十二英里处的十字路口，是公开买卖猪牛等牲畜的地方。所有的农民和畜牧业者里三层外三层地围在那里，那天人们的话题分为牲畜和政治两部分。人们搭建起一座供演讲用的平台，演讲台上放有供候选人就座的长椅。参与竞选的人，既有来自斯普林菲尔德的律师，也有来自其他各个城镇的有志青年。台下的听众则粗俗不堪，吵闹喧嚣，人们多光着膀子，打着赤脚。这些人恐怕不会喜欢那些穿着精细丝棉衣服或者优良亚麻布的候选人。

亚伯拉罕·林肯最后一个发言。他站在演讲台上，他的衣着立即得到那些农民们的认可。他举止笨拙，长相丑陋，六尺四寸的大个子，穿着蓝色牛仔布做成的肥大外衣，一条比他的双腿至少短了六英寸的自制裤子，牛皮靴子上粘着徒步穿过牧场时粘附的黑色泥斑。林肯举目直视观众，开始演讲了——

“尊敬的先生们、各位朋友：我想，你们都认识我——出身卑微的亚伯拉罕·林肯。应多名亲友的请求，我今天站在议员候选人的演讲台上。我的政治立场简单而美好，支持成立全国性的联邦银行，支持内地建设体系，支持高额保护性关税制度，这些是我的个人观点和政治原则。如果竞选议员成功，我会深表感谢；如果竞选失利，同样感谢各位！”

这是亚伯拉罕·林肯平生第一次政治演说。在随后的一星期中，他在斯普林菲尔德不断发表演说，有时也在其他地方演讲，可惜他那时的演讲内容没有保存到今天。由于这个选区非常大，他不可能亲自面见每一个选民，他以传单形式告诉人们，如果他当选了人们将会有何获益。在这份传单中，他说道：

“对您而言，我不过是个默默无闻的毛头小伙，我出身并成长于最为卑微的阶层之中。这次竞选，我既没有金银财富做后盾，也没有位高权重的亲友提携，这种情形在全县所有参选者中是独一无二的。如果我当选了，对选民们给予的支持，我将以不懈的工作来回报；但如果有看上去更为合适的人当选，我只能因失望而非常气馁地居于人后了。”

选举日到了，纽萨勒姆所有的人，无论民主党[①]还是辉格党[②]，都投了亚伯拉罕·林肯的票。但当斯普林菲尔德投票结束，偏远乡村的选票也计入总票数时，人们发现林肯失利了。由于这是他的名字首次公开亮相，他的政治期望不很充分，他也不像自己先前所说的“非常气馁”。其实，

① 民主党(Democratic Party)是美国两大政党之一，1791年成立，初称共和党。1794年改称民主共和党，建党初期主要代表南方奴隶主、西部农业企业家和北方中等资产阶级的利益。1828年改名为民主党。

② 辉格党(Whig Party)于1833年冬天至1834年之间，由前民主共和党与国家共和党两党党员如亨利·克莱与约翰·昆西·亚当斯等，以及南方的州权拥护者如威利·颇森·缅甘(Willie Person Mangum)等共组。这是美国杰克逊式民主时代的一个重要政党。19世纪60年代后该党逐渐没落。受亨利·克莱影响，林肯早年曾以辉格党员身份参政，后脱离该党。

年仅二十三岁的青年，能有什么事情使他受挫气馁呢？

随后的几个月中，林肯忙这忙那。他想做个铁匠，便想方设法找地方开设门店，其时有人说服他买下位于新萨莱姆的一个小商店。虽然他穷得拿不出一块钱，不过人们都知道他忠诚有信，所以他打个借条就能当钱使。但这桩风险生意并不如意，事实证明他的合伙人是个一无是处的家伙，他完全不懂经营，且一味酗酒。小商店很快就关闭了，林肯却因自己打的借条而背上了债务①。这笔债一直到六年后才还清，这段时间里他艰苦卓绝地奋斗，直到还清最后一分钱。

① 1835年1月，林肯的合伙人威廉·贝里突然死去，这样，他们两人的债务就全落在了林肯一人头上，债款高达1100美元，这在当时是一笔无法想象的大数目。

位于华盛顿特区的林肯纪念堂

20. “法律，先生，法律！”

自从在印第安纳州旁听过那次经典的审讯后，亚伯拉罕·林肯一直满怀信心地想成为律师。无论是在密西西比河上撑橹摇桨，还是在树林中挥汗伐木，或是向农妇们贩卖针头线脑儿，甚至在伊利诺伊领导他的志愿者小分队时，成为律师的念头一直萦绕在他的脑海。在他想当小商店店主前后，他偶然在斯普林菲尔德买到了一本布莱克斯通《英国法释义》的二手抄本。如我们所知，这本著作是一个多世纪以来最为标准权威的英国普通法释义，也是法律系青年学生必须首先掌握的书籍。林肯买到的抄本破旧不堪，但内容还算完整，他如获至宝地把它带回家。无论做什么事，他都会忙里偷闲地研读此书，在几个星期内他就掌握了全部内容。然而，知之越多，对新知识的渴望也就越强。如果他能拥有那些必需的书籍，他的所学该多么丰富；如果他尚有足够的钱，那些书就可以多么快地来到他手上啊！

他忽然想起在洛克河畔宿营的日子，曾结识了一位名叫约翰·T. 斯图亚特的年轻律师[①]。斯图亚特先生住在斯普林菲尔德，他曾说过他有个非常棒的图书室。也许他偶

① 在“黑鹰战争”中斯图亚特曾是少校营长，而林肯就在那个营当连长。

林肯纪念堂内的林肯坐像

尔肯借给别人一本书，一想到这个念头，林肯立即戴上帽子前往斯普林菲尔德找那位律师朋友。

斯图亚特先生友好和善，他表示："当然可以借给你，欢迎你的光临，你不但可以借一本，还可以借这个图书室内的任何一本书。"那时，他还围绕要读哪些好书、学哪些规则等问题，给林肯提出了一些睿智有益的建议。那天晚上，林肯迈向返家的漫漫长途时，就迫不及待地翻开手中的书卷，到达纽萨勒姆时，那本书他已经掌握了三四十页。

开小商店失败后，林肯靠自己所能找到的零活儿来养活自己。有时候肩扛大斧去树林里伐木砍柴，有时候他给忙得不可开交的邻居收割庄稼，但他对学习从没有丝毫懈怠。一天，农夫古德贝雇他去僻壤干活儿，这个农夫下午前去看林肯的进度时，却惊讶地发现这个年轻人正坐在树桩上埋头读书。

"喂，亚伯！"他大喊，"你在读什么东西？"

"我不是在'读'，"林肯回答，"我是在'学'！"

"好，好吧！告诉我你在学什么东西？"

"法律，先生，法律！"年轻人如此回答。

农夫更加惊讶，不知说些什么才好。而最让他惊讶的是，他发现这个小伙子并不是浪费干活儿的时间来读书，而是提前把一天的活儿全都利利索索地干完了。

无论在何处，林肯总随身带着书本。走在马路上，他也能专心致志地阅读，即使是最好的朋友擦身而过，他也发觉不了。炎炎夏日，林肯经常躺在树荫下潜心注视着枯燥的法律书，人们说，他看书看得走火入魔了。

不久，他开始学以致用。那些信服林肯知识和智慧的邻居们，来找他咨询法律问题。他们请他帮忙起草契约、抵押及其他书面的合同；他不时地受理一些治安法官未及审理的涉法事件。

21. 做邮差

大约这一时期，林肯当上了纽萨勒姆村的邮差。邮递员每周骑马给他送来一个装满邮件的帆布包，算不上大宗邮件——通常只有十来封信和三四份报纸。邮差林肯总是盼望邮件到来。那点儿邮件不值得租赁一间屋子当邮政办公室，于是他把信件装进帽子里，一直等到收信人来取。如果有时间，他会友好地把信送到收信人手中。

当然，对一顶帽子就能充抵邮政办公室的人来说，薪水也不可能很高[①]。那时候还没有邮票，也没有信封，如果有人想寄信，就把它拿给邮差，邮差会把它保存到专职邮递员到来时，并亲手交给他。有时候寄信人会付邮资，邮差会在信件表面上用大写正体字注明“已付费”。不过那时邮资相当昂贵，通常情况下寄信人一点儿也不管邮费的事，邮费要向信件上写的收信人去收取。所以说，有信自远方来，这可不见得能让人心情愉快。邮差收取了邮费即保存在手，直到邮政办公室通知收取。

① 林肯做邮差时的年薪为50美元。

林肯先生是纽萨勒姆最后一位邮差。居民不断地搬离小山村，人们不断地前往不断开辟出的新拓居地寻找更好

林肯塑像

的家园。发出和收到的邮件数量逐月递减，两年多后邮政室就关闭了。那时，林肯手中有了十七美元，那是他发送信件时收取的邮费，邮政部门因自身原因一直没有收要这笔钱，并且一连几年都没有收取。在这几年内，林肯搬到了斯普林菲尔德居住，他那时还有债务没还清，穷得连基本的日常生活都难以维持。最后，当他不抱希望时，政府部门找到他开办的法律服务室，要求他立即交上他们几年前未收的那笔钱。

“请稍坐一会儿。”林肯说。他离开屋子，沿街道快步行走。他这是出门向朋友们借钱吗？

几分钟后他回来了，手里拎着一个蓝色的袋子。

林肯塑像

“钱都在这里，”他说，“让您久等了。”袋子里装了一大堆铜币和少量的银币，正像乡民们付邮资所使的钱币那样，“我确信全在这里，一分不少。”清点数量时，邮政部门官员发现那笔钱果然分文不差。林肯穷困潦倒，物资匮乏，但他对自己保管的公共财物从未动用一文。“除了自己挣的，我从没花过别人的钱。”他这样说。

22. 学习土地测量

现在，亚伯拉罕·林肯年近二十五岁了，他从未放弃过成为律师的梦想，把所有的业余时间都用来学习。但他必须要有东西吃，要有地方住，他必须为吃、为住而挣钱，用双手去劳作以养活自己。有一天，他正在林子里砍斫树木，有人传话来，县里的土地测量员正坐在林肯的铺板上，等着接见他。林肯扛上斧子和大槌，大步流星地回到小村里，想看看土地测量员找他有什么事。

“亚伯，你对土地测量了解多少？”测量员卡霍恩先生问。

年轻的林肯坦言，尽管他以前看过这方面的书，但他对土地测量知之不多。卡霍恩先生表示，他现在工作繁重，忙得手忙脚乱，急需一位帮手。如果林肯愿意读读他带来的书，读懂土地测量的基本原理和方法后，他愿意请林肯做助手，并且支付可观的薪水。林肯翻着那本书，感觉自己要完全掌握它可不是件容易的事。

“我会尽力而为，”他说，“等准备好的时候，会向您汇报。”

默顿·格拉汉校长帮林肯解决了一些棘手的学习困难，经过六个星期的艰难学习，林肯为成为土地测量员做了充分准备。他用自己省吃俭用的钱买了一匹马、一个大包、一个罗盘、一条测链，以及他的新工作所必需的其他物品。这个县地域广阔，他的工作忙不完，这块地测量完了，还有另一块地等着测量。纽萨勒姆下游方向两英里处，有个组建不久的村庄，名叫彼得斯博格，林肯被派往那里标示划分地块和街道。农田的边界要标识明确，新道路的拐角石也要标清，原有的老路也要逐一核实。这个年轻的测量员有大量类似工作要做。

这份工作使他接触到了形形色色的人，他结交的朋友遍及这片土地的每个角落。尽管这份工作使他有段时间远离了法律，但对正在他面前展开的职业生涯来说，这一时期为今后打下了最好的铺垫。

凡是认识林肯的人，都很快成为他忠心耿耿的朋友。对住在草原上的拓居地居民来说，他好像具备了所有人都渴望的一切美德和本领。他不但知晓许多书本知识，而且在那个地区，他的木工手艺和林业知识胜过任何猎人或者乡民。他还擅长相马，且是无与伦比的马赛裁判。他的力量极大，是那一地区最为强壮的人都不可想象的。有人说，在纽萨勒姆的一家工厂内，他曾举起一个重一千多磅的石制箱子；在人们感兴趣的摔跤、跳跃和其他竞技活动中，他也是最受人敬佩的好手。

林肯

尽管他生命中大部分时光接触的都是粗鄙的原始乡民，但他彬彬有礼，没沾染任何粗野的毛病，他的言谈也无污言秽语和猥亵肮脏的痕迹。如果

换作别人，若能摆脱落后地区居民最为普遍的恶习，就像一个人妄图表现得比他的同伴们要优越那样，他肯定会受到众人的轻蔑嘲笑和咒骂指责，人们对林肯的态度却是一个例外。他做事从不吹嘘，他也从没用言行举止来刻意表现自己高人一等，然而在那些没有文化的人们看来，林肯确实是比他们优秀的人，当他们自己没能实践美德时，他们乐意并希望看到林肯能践行那些美好德行。

23. 热切地开始政治生涯

在忙着测量农田和结交新朋友时，林肯一直思索自己的未来。每天，他都会做些事提高自己的学识，提升自己的思想。他几乎是纽萨勒姆唯一一个固定订阅报纸的人，在他所有的熟人中谁也不如他对政治了解得多。

对他来说，亨利·克莱这个名字充满新奇和诱惑。前文我们已有表述，当林肯还是个孩子时，住在鸽子溪畔让人痛苦的“半边脸”帐篷中，他就读了可怜的“砍树的男童工”的故事，当时他就把充满勇气和坚定不移的亨利·克莱视为自己的榜样。步入成年后，他又把这个人确定为自己政治观点的领路人。在纽萨勒姆，他是亨利·克莱所办的《路易斯维尔期刊》的忠实读者。

对林肯来说，最快乐的时光莫过于星期六的下午坐在小镇商店前面的空货箱上，给一大群侧耳倾听的农夫们读新闻。那时他还会解释期刊上的社论，会因为引述某些优秀特写文章中的睿智机敏的语句而满腹欢欣。他始终对当下的公共问题保持敏感的嗅觉，他还是那些前来寻求信息的邻居们的先知。“你要想了解任何政治问题，”他们会说，“那就去找亚伯拉罕·林肯问吧，他能把一切有用的东西都告诉你。”

在小村镇的商店前，他会对星期六下午的听众们谈论和解释些什么呢？我们来看看吧。

就像现在,那时有两个主要政党,几乎每一个国民都“属于”某一党派。众所周知,这两大政党是民主党和辉格党。民主党已经存在许多年了,人们认为它(尽管曾有过略微不同的名字)是由托马斯·杰弗逊创立的。而辉格党则是新成立的,事实上,它那时刚刚成立,创始人正是亨利·克莱。

那时,民主党的领导人是当时的美国总统安德鲁·杰克逊。他已经当过一个任期了,此时约处于第二个任期的中间时段。为了理解那一时期的重大问题,林肯发现有必要查阅杰克逊第一个任期内的事件。为了理解它对林肯政治生涯的影响,我们最好也得用同样的方法,了解林肯的早期生活,以求对他有更为完整的认知。

1828 年,在杰克逊首次竞选时,还没有辉格党,但那些反对者们自称为“国家共和党”。国家共和党的领导人是亨利·克莱和丹尼尔·韦伯斯特,他们推出的竞选总统的候选人是约翰·昆西·亚当斯。

从那时到现在,两党间的主要问题始终是关税问题。所谓关税,即产品从国外进入某一国家时所应征收的税款。关税税率高对国家繁荣有推动作用还是贬抑作用?两个政党就这个问题给出了相当不同的答案:它取决于一个人所居住的地区和他从事何种商业贸易;它还取决于个人的收益而非爱国主义。

因为,在北方——尤其是新英格兰州——大多数人从事制造业,他们认为关税税率高可以阻抑从国外购进产品,可以为美国本土产品培育良好市场,创造更大的需求。这样会为工人提供更多工作机会,并且提高工资水平。

但在南方,制造业不发达,各类工厂数量稀少,几乎所有的劳动都要靠奴隶来完成,主要产品是糖类、棉花和马铃薯。这些地区的人们认为,保护性关税的高税率会损

安德鲁·杰克逊

害他们的利益，会增加他们不生产但不得不购买的物品的价格，这对销售产品的市场一点儿好处也没有。

杰克逊总统当选以前，国会通过一项法案，提高毛纺品、钢铁产品及其他商品的关税税率。这项法案对北方毛纺业非常有利，它受到那些认为高关税有益的人们的普遍欢迎。但在南方，尤其是南卡罗来纳州，人们对这项法案的抵触情绪格外强烈。到杰克逊当选总统时，人们认为他会施加影响进而取消这项法案，但法案的支持者数量庞大且实力雄厚，法案的效力自然丝毫未减。

到杰克逊首届任期行将结束时，人们的不满情绪更为强烈。南卡罗来纳州人按惯例适用“无效法案”。他们宣称，关税法案在南卡罗来纳州是无效法案，没有任何价值，还宣称如果联邦政府若在此地强制执行关税法案，这个州将脱离联邦政府。

人们认为，总统是南方人，且反对高税率关税，那么他会缓和地允许南卡罗来纳州自行其是。但是令人惊讶的是，到 12 月 10 日总统公开宣布，他反对南卡罗来纳州擅自取消法案的行为。

他说：“美国是一个完整的政府，不是一个松散的联盟，政府既没有制定法律的权力，也没有抵制法律的权力。如果认为任何州能自行脱离联邦，就是认为美国不是一个完整的国家。”

杰克逊总统的这项举动得到了整个北方地区民众的热切拥护，甚至包括那些曾经投票反对他的非民主党人。但在南卡罗来纳州人们的立场也非常坚决，副总统约翰 · C. 卡霍恩是南卡罗来纳人，并且是取消关税法案的领导人，为了能为自己的州多做些事，他立即宣布辞去副总统之职。

随后的场面颇为尴尬。国会通过一项法令，支持总统有权力使南卡罗来纳州服从联邦政府法律。但如果总统真这么做，那么国内战争肯定爆发无疑。

在这危难关头，肯塔基的亨利 · 克莱自告奋勇地提出了一项调解议案。亨利·克莱以做这种事而闻名，当地区感情威胁损害到国家的命运时，他都临危受命，寻找出令双方都满意的办法维护和谐与和平。“来吧，朋友们，”他会这样说，“我们不可能事事如愿，但我们可以达成中间路径，只要我们各自退让一小步，结果总会比彼此怨恨、相互争斗要好得多。”就是通过这种友好的态度，联邦得以平安度过多次危机，克莱也以“最伟大的调解者”而闻名史册。

克莱此次建议的调解方案规定，南卡罗来纳州必须中止法案无效计划，保证安分守己地留在联邦；与此同时，招人憎恨的关税也应该在十年内逐年减少，直到国家的每一地区都满意为止。

这个简易可行的办法使棘手的争执告一段落，争执各方对这一办法均表示满意。南卡罗来纳州人为示其诚意，表示服从对本地人民利益有害的关税法案；而支持关税法案的人们为示诚意，也表示愿意向那些与自己利益不同步的人们做出让步。

但我们也应该看到，无论南卡罗来纳州选择如何行事，他们想脱离联邦的念头一直保持了许多年。在美国早期的历史中，忠诚于州政府会比忠诚于联邦政府更值得称颂。无论北方、南方，这种情形毫无二致。这种观念使州政府的权力置于联邦政府权力之上，把联邦政府视为一个联盟，而非一个国家。“州为第一，联邦第二”——这是爱国主义最初的理念，这种理念得到副总统约翰·C. 卡霍恩和他的追随者们的信服，他们认为这才是真理。但安德鲁·杰克逊不曾囿于此，这当然也不是亨利·克莱的理念。

我们可以想象，当亚伯拉罕·林肯和他的农夫朋友们在纽萨勒姆讨论这些问题时，他会用来自《路易斯维尔期刊》的言论来支持自己的观点。这些在当时是最重要的事件了，全国的所有选民对这些问题都有自己的鲜明立场。

在伊利诺伊州，大多数人是民主党人。安德鲁·杰克逊——如同他的朋友们戏称的“老山胡桃”那样——在西部地区颇受欢迎，他的第二次总统竞选（1832 年）相当有名，大获全胜。国家共和党推出亨利·克莱为候选人，是他力量最强的竞争者，但国家共和党在这场竞选惨败，致使党的领导者们认为必须解散该党，重新组党并且改换新名才能东山再起。

故此，辉格党于两年后成立。辉格党试图吸引各个阶层因为种种原因对杰克逊总统现行政策不满的人，它不仅包括先前的国家共和党人，还包括南方支持关税法案无效化和视州利益至高无上的人，以及一些心怀不满的民主党人。新党派的领导者包括肯塔基的亨利·克莱、马萨诸塞的丹尼尔·韦伯斯特和南卡罗来纳的约翰·C.卡霍恩。这三个人是当时的三大政治巨头，也是我们国家一直铭记的或许是最具才能的政治家。在许多重大问题上，他们所持观点迥异，分歧巨大，只有在反对安德鲁·杰克逊总统不容分说的措施时，他们才达成一致。

林肯纪念堂

纪念堂前的那条河流名为波托马克河。

正是亨利·克莱组建的新党，连同他所表现出的政治理念，深深吸引了二十五岁的亚伯拉罕·林肯，使他成为亨利·克莱的支持者。

第二部分 实践

三十三岁这年，他娶了玛丽·托德……林肯先生从最为卑微的境况下出人头地，取得受同伴们尊敬的地位。在律师行业他也不断取得成功；他还因政治上有所作为而受人瞩目，但他那时仍是穷光蛋。而林肯夫人说：“我宁可嫁给一个有着成功潜力和光明未来的好人，也不愿嫁给在世上只有成群马匹、成片房屋和金银珠宝的人。”

1. 当选州议员

1834 年，伊利诺伊州迎来另一次选举，亚伯拉罕·林肯再次宣布自己参与竞选州议员。

那时不像现在，党派尚未形成举行政党大会为即将到来的选举拉票的惯例。如果有人想竞选某一职位，他得告知公众他是候选人，还得就自己当选后会支持或反对哪些公共政策而公开表态。这种方法虽然对多位候选人竞选同一职位是可行的，但投票数往往非常分散。当时政党大会制度已经为部分州政府采纳，它不但避免了候选人过多而使政党无法集会，还为不同政党划分出清晰的界线。这种方式受到杰克逊民主党的欢迎，但辉格党——亚伯拉罕·林肯也是其中一员——对其反应迟钝。

在过去几年中，林肯先生结交了太多的好友，根本无需告诉选民们他是谁、他主张什么。几乎每一个认识他的人都热切地投票选他，因此他以很大优势当选州议员①。

① 在萨格蒙县的 13 名候选人中，林肯名列第二。

这年他不过二十五岁——一个朴实、笨拙、对世界知之不多的青年，但由于他忠实真诚的品德和不知疲倦、坚持不懈的精神，他年纪轻轻就在州政府中获得了比较显赫的身份。现在他已经过完了人生的第一个阶段：已经度过了作为准备阶段的日子；即将到来的岁月是他实践伟大行动和成就伟大功绩的阶段了。

那时伊利诺伊州的首府是汪达里亚，一个位于斯普林菲尔德东南方向六七十英里的小镇。林肯到议会赴任这天，他发现自己没有任何盘缠费用，破旧不堪的外套，明显不合身的裤子，这样的打扮一点儿不像有声誉的议员。但他的朋友们都准备着也期盼能有机会帮助他，所以，在那个晨曦初露的冬日，林肯怀着对崭新布纹衣服的生疏感，动身前往州首府驻地。

在立法会议上，林肯没有一鸣惊人。他没有发言，也没有提出新法律建议，而是认真倾听，悉心学习，准备为他认为对民众有益的法令措施投上一票。他和那些有文化教养、有智慧才干的人们熟悉相知，他从上流社会学到许多东西，这是个能为自己人生旅途中所有事情作出最佳判断的年轻人，还因自己的安静沉稳和明智判断给大家留下了深刻的印象。

史蒂芬·A. 道格拉斯

这次会期比较短，几个星期后林肯先生即回到纽萨勒姆，回到他的老朋友们中间。

伴随着刻苦地学习法律和认真地测量农田道路，夏季的几个月对林肯而言，相当短暂易逝；秋季也在日常琐事中不留痕迹地悄然远去了；冬天一到，他再次前往汪达里亚，成为立法者中的一员。

正是在州议会的第二次立法会议上，林肯先生首次遇到了一个人，这个名叫史蒂芬·A.道格拉斯的年轻人，此前已被任命为巡回律师，此后多年他都是林肯最有力量的政治竞争对手。

道格拉斯先生那时年仅二十三岁，和林肯一样，他也清贫如洗，但在他的成长岁月中，却有一些林肯不曾知晓的机会。

道格拉斯出生于佛蒙特州布莱登镇，幼年丧父，他的母亲有些文化，尽其所能在家中对他进行了良好的早期教育。待道格拉斯年纪稍长，冬天时候，母亲送他去一个小小的乡村学校上学，其他季节，他只能在农田里干活儿。

道格拉斯很快就学会了当地中学教师所能教他的全部知识，一心渴望能学到更多知识，但他的母亲没钱送他上大学。十五岁那年，他掌握了木匠手艺，通过这种营生，他攒了一点儿钱，够他交清专科大学近一年的学费。

不久，他的母亲再婚，与丈夫移居纽约州坎南德瓜。十七岁这年，道格拉斯去了那里生活，在那儿教过一段时间书，之后到专科学校学习过几个星期，从那时他开始学习法律。跟随教授学习了一些基本法律原理后，道格拉斯决定到西部地区去碰碰运气。

1833年晚秋，他到达伊利诺伊州名叫温彻斯特的小村，他的口袋里仅有三个银“莱维”（37.5美分），无亲无故。然而，他和林肯一样，从不会被琐事拖垮，他富于男子汉气概，在生活面前一向勇往直前。不到三天，他就使自己与温彻斯特人熟识，被他们选中做乡村学校的教师。

这年年底，他前往杰克逊维尔。离二十一岁还有几个月时，他获准在伊利诺伊法院实习。仅仅两个星期后，他举行了一次反对杰克逊总统的公开演讲，那场演讲使他一鸣惊人，立即成为那一地区知名度最高的人。

这次演讲为道格拉斯赢得了巡回法庭律师的职位。

2．汪达里亚和纽萨勒姆之间

1835—1836年间的州议会第二次立法会议于1月中旬闭会。林肯先生仅仅朝出人头地迈出一小步，然而他所做的一两次简短发言引起了人们的关注，他就公共利益问题进行的发言相当棒，使得每个人都对他言谈中所流露出的判断力和勇气肃然起敬，由此他愈发坚定了自己的信心。

这次立法会议结束后，他的议员任期也满了。他回到纽萨勒姆，并宣布自己将再次参加竞选。

这一年也是总统竞选之年，必须选出另一人来接任到3月4日就任满两届的安德鲁·杰克逊总统。萨加蒙县的竞选在激昂踊跃中进行，林肯先生因强烈反对杰克逊的民主党而与众不同。

“我主张，”他说，“所有承担法律义务的人都应共享政府治理权力；鉴于此，我主张所有纳税和服兵役的白人都拥有平等的选举权（决不应该把女性公民排斥在外）……无论我当选与否，我主张分区逐步推进部分州政府公有土地的出售，使我们州能和其他各州一样，无需借贷或者支付费用即可主张开沟挖渠，修建铁路。”

人们应该记得，伊利诺伊州在那时是没有铁路的，尚处于发展的起步阶段。那里大多数地方是未开垦的大片草场，该州北部地区是绵延伸展的所有权不明的土地，零星点缀着一些散乱分布、设施薄弱的居民点。

然而从老殖民地前来此处的移民数量迅速增加，这里正进入大发展、大变革的时期。这正是一个充满活力与激情的年轻人迈步向前、影响社会发展的时刻，这样的青年在伊利诺伊州有两位，一个是林肯，另一个是道格拉斯。

大半个夏天的时间，亚伯拉罕·林肯一直在旅程中，从自己生活的小村到其他各个地方发表演说——如西部人所说的那样，这叫“旅行竞选演说”。有时他在城镇之间徒步奔走，有时则骑着那匹被他形容为“马具鲜明”、“丢失了鞋子”的马。

美国人口调查局所公布的美国中西部地图，其中伊利诺伊州便属于中西部的一个州。

他的演说趣味横生，说服力强，富于力量而又易于传播，不久他就成为全州最具知名度的演说者。

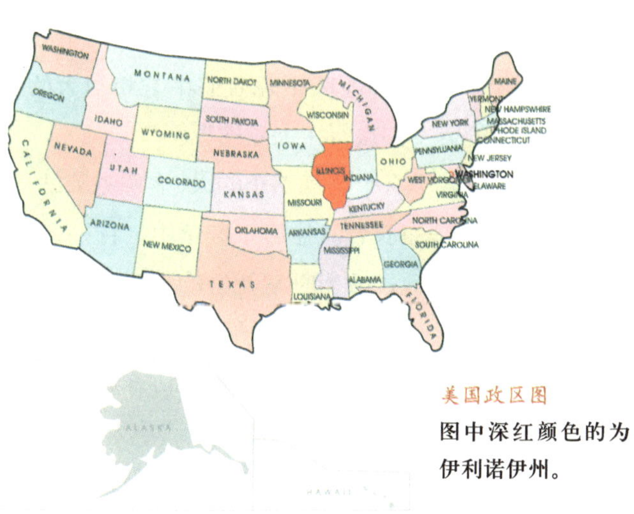

美国政区图

图中深红颜色的为伊利诺伊州。

3. 布衣贵族vs劳动者

民主党最动人的说辞就是他们自称是普通大众的党派——即是劳动人民、普通农民和各种卑微劳动者的党派，他们还嘲笑奚落辉格党是圆滑的贵族老爷们的党派——即那些发了财的投机者和那些拥巨资踞高位而趾高气扬的人。这种认识在西部地区拓荒者们中有相当大的影响力，也为安德鲁·杰克逊和他的盟友们赢得了大量选票。

萨加蒙县的民主党演讲者中有个名气不小的人，名叫克莱纳·迪克·泰勒，他总是忙碌奔波又喜欢华丽衣着。他居于城镇中，特别喜欢得意洋洋地穿着名贵服饰，他总要穿款式最为时髦流行的衣服，戴白色的小山羊皮手套，穿黑漆皮的靴子，还喜欢排列着钻石纽扣的浮华衬衫，以及外观迷人价值昂贵的金表链。但当他进入乡村去走访普通农民以警告他们远离辉格党时，则狡猾地穿上一件长长的亚麻布“垃圾外衣”，遮盖住他一向痴爱如狂的华贵衣装。他足以欺骗，并使听众们相信他是史上最为微贱粗陋的劳动者，相信他完全是靠自己的辛苦汗水挣得裹腹面包的人，相信他才真的是对“普通大众”充满强烈同情心的人。

这天，克莱纳·泰勒和林肯先生在一次公共会议同台相遇。那里有许多农民想听听他们当天的辩论，其中只有少数人是辉格党人，其他绝大多数是民主党人，“老山胡桃”正是他们的偶像。

林肯先生穿一件做工粗糙的牛仔布衣，上衣特别肥大，裤子又特别短小，蓝色的斜纹棉布衬衫[1]既没有领子，也没有袖子，牛皮靴子很久没打磨擦洗了。克莱纳·泰勒的亚麻布脏外衣也紧紧地扣在身上，看其衣着打扮也确实普通卑微。

克莱纳首先发言，他从高调赞扬杰克逊总统的睿智开场，随后简明阐述了关税问题、国内发展问题，以及民主党为伊利诺伊州作过的主要贡献。由于他刻意夸大了这些，所以他向那些农民听众传递了这样的信息：他作为普通一员所从属的民主党——是“大地的骨骼和脊梁”，是劳动者，是创造者；他们是最为普通的大众，是“劳动人民勤劳的儿子”；他们轻视贪奢物欲，轻视虚华享受；并且，他们还是唯一推动国家繁荣昌盛的人。另一方面，他描述辉格党人是“衣着华丽的贵族”，是长着“嫩白小手”不劳而获、为富不仁的家伙，是通过侵占穷人利益而享受奢侈豪华生活的“布衣贵族”。他的口才极富雄辩、激情昂扬，以致在台上手舞足蹈，来回踱步，双臂在空中比比画画。

就在他的演讲达到高潮时，一个动作过于猛烈，他穿在身上的那件破旧长外衣的扣子绷掉了。一阵风吹来，掀开他长长的外衣，露出藏在里面的完美无瑕的华贵衣装——他那前方有褶纹的衬衣，他的钻石纽扣，还有他那闪着夺目光彩的金表链。泰勒一时吓傻了，只得停止他的长篇大论，没等他再次开口，林肯已走到前台，指着衣着华贵的克莱纳，对听众大声说:“看看这位劳苦人的儿子！看看吧，朋友们！看看这位模范的‘骨骼和脊梁’吧！”随后，在众目睽睽之下，林肯把瘦骨嶙峋的双手放在自己胸前，接着说道：“再看我这里，这就是长着‘嫩白小手’的布衣贵族！这就是愿意为您效力的‘衣着华丽的贵族’！没错，我也认为自己是

① 斜纹棉布衬衫，原文为“hickory shirt”，hickory 即山胡桃，斜纹棉布十分粗糙，触感与胡桃树皮十分接近，又因为此类布料的使用者主要为乡下人（hicks），故有此名。原文此处使用 hickory，盖与安德鲁·杰克逊的绰号 old Hickory 形成对应。

个有钱有权、趾高气扬的人！”

无须林肯再多说，人群爆发出大笑声和热烈的掌声。这天，他胜利了。

那位慌了神的克莱纳早就从台上溜走了，一直过了很久他才听说那场关于“布衣贵族”和“劳苦人民勤劳的儿子”的最后结局。

那年民主党推出的总统候选人是马丁·凡·伯伦，他是杰克逊总统第二任期时的副总统。他的支持者因他曾宣布“追随前任的脚步”而确信他最适合当总统。辉格党极为不明智地把选票分散给了他们推出的四位候选人，结果不出所料地惨败。这次选举再次把权力赋予民主党人，“老胡桃木”政策措施将至少再保持四年多。

但在一些州和地方选举中，民主党人遭到失败，这激励辉格党人继续保持反对党立场。

伊利诺伊州萨加蒙县有资格选出九名州议员——两名参议员和七名众议员。选举结束时，人们发现选出的九名议员竟然都是辉格党人，在这些人中，林肯先生得到的选票数量比任何人都多。这次选举最奇特之处在于每位议员的身高都在六英尺以上，于是他们得了个绰号“长九”，由于林肯个子最高，他被称为“萨加蒙高官”。

美国政区图

4. 当上律师

冬天到来，州议会再次在汪达里亚召开，此时林肯已被视为辉格党的领导人之一。底层立法会议上的积极分子并不多，如果他支持的所有法律全获通过，那么州政府恐怕很快就要破产了。

萨加蒙县人说过，“为良好的公共发展体系而投票”，林肯把这作为自己的使命。他投票赞成在当时既没有货物也没有旅客的地方修建铁路，赞成在当时无人通行的地区修建公有高速公路，他还建议在密歇根湖和密西西比河之间挖掘可行船的大运河，现在的芝加哥排水大渠正是走的这条路线。他致力于支持一切促进和提升该州贸易的措施，只有如此才能为当地带来资金，才能吸引企业主们到此落户。

法律规定，议会应在适当的时间为政府选举产生一些常设委员——一个尽可能地为全州居民提供方便服务的职位，1837—1838 年间，议会权力移交于此。汪达里亚仅是一个小村，出入不便，并且距离州中心较偏远，人们都知道这里不能再继续做首府。萨加蒙的“长九”提议斯普林菲尔德是个很好的地方，他们选出林肯先生在立法会议上运作这个议案，这个措施若得以执行，必是林肯与其他议员影响力的结果。

萨加蒙县人对这件事特别高兴。那时有许多城镇都希望能成为新首府，若没有林肯先生出众的能力和卓越的操作能力，斯普林菲尔德大概不会获此殊荣。当“长九”在立法会议结束后返回萨加蒙县时，斯普林菲尔德的居民们隆重欢迎他们归来，并举行盛大宴会犒劳他们。

人们在这次宴会敬酒辞中，有一项是向亚伯拉罕·林肯表示敬意的：“他使朋友们的期待梦想成真，使他的对手们陷入绝望。”这无疑使他满足愉悦，但这并不是他当时正思考的事。此时他最大的不安在于未能解决一个问题。这个问题就是：下一步，他该做什么？

这年他二十八岁。除了那小小的一步，他还没有真正开始那条他准备已久、期待已久的职业律师道路，并且还负债累累。他失去信心了，感觉他的生命还没有真正开始。他是否应该返回如死一般沉寂的纽萨勒姆村，通过测量农田和给邻居干些零活儿养活自己？

威廉姆·巴特勒曾非常期盼首府迁至斯普林菲尔德，年轻的林肯满脸的沮丧，他都看在眼里。

“林肯，”他说，“州议会现在已经结束了，你准备怎么谋生呢？”

“我也不知道，”林肯回答，“如果我能养活自己，我希望能在斯普林菲尔德安家，开始做些法律事务。”

“你为什么不能养活自己呢？”巴特勒先生说，“你可以到我家里来，和我一起居住，你愿意待多久都行。”

巴特勒先生这个举动非常慷慨。亚伯拉罕·林肯感觉到了巴特勒先生的真挚，他答应了，感动得说不出话。

因此，就在斯普林菲尔德被定为州政府首府的这一年，这个小伙子也最终荣幸地成为伊利诺伊首府居民中的一员。

随后的三四年中，林肯先生都在巴特勒先生家中吃饭，他租了一个相当简陋的小屋子，和一个名叫约书亚·斯皮德的肯塔基商人同住。

那时斯普林菲尔德是个散布着木制房屋的村镇，绝大多数房子是只有一层的平房。街道上晴天里堆满黑乎乎的垃圾，到阴雨天则是更黑的淤泥。没有人行道，唯一一条横穿街道的路是由扔在路面上的木块拼出的。萨加蒙作为最大的县，划入了其他几个县，已有人口一万八千左右，在这些人中，有不到十分之一的人住在新首府。许多人来自肯塔基，其中地位较高的人比较关注社交礼仪和穿着打扮，那里（如林肯风趣地所说的）还是“马车生意欣欣向荣”。

然而，拓居地先驱者时代遗留的粗习陋俗还没有完全消失。在大街上看到穿着鹿皮马裤和羊毛短褂、脚蹬鹿皮鞋、腰间挂着猎刀的人，这一点儿也不稀奇。农田里的女人们穿着极其简单的手织衣物；人们穿着棉织衣物、戴着遮阳帽进教堂做祷告；在一年中气候温暖的时节，他们多光着脚，从不考虑穿鞋。整个乡间还有个难以消除的偏见，即对“城市人”体面服饰的敌视，数量非常多的忠厚农民认为，他们看到奢侈之风正开始盛行，这会很快给全州甚至全国招来可怕的灾难。

林肯进入法律界。

也许林肯先生习惯穿戴的朴素衣服、辛苦劳作的双手以及简洁的乡民礼节，和他早期生活的萨加蒙县流行的风气有很大关系。但由于他淳正温厚的性情、内心深处与生俱来的善良和作为领袖人物的天赋品质，为他赢得了伊利诺伊才学之士们的尊敬。

如果没有约翰·T. 斯图亚特律师借给他书读，并指导他学习，请他做自己的合伙人，林肯不会在斯普林菲尔德立稳脚跟。紧邻小镇主要街道，在一间布满灰尘的狭窄小屋中，林肯以次要成员身份成为“斯图亚特和林肯律师事务所”的合伙人。

5. 做巡回律师

斯图亚特先生那时正全力为政治忙碌，因为他一心想竞选国会议员。在上一次选举中，他成为候选人之一，但竞选失败。此时他把全部心思用以准备下次竞选，对律师事务所没投入多大精力。因此，律师事务所的大部分事情是由林肯一人完成的。

不过，可做的事务并不多，所以平时有大量时间用于学习——这也正是林肯求之不得的。那些日子里，他有许多时候谈论政治问题，休闲时说些有趣的故事，还能和悠闲的友人们交流。在承担种种职责和面对各种时机时，林肯表现出的正直和忠诚，和做出色木匠、出色测量员时始终如一。

从事这项工作有时需要他到别的县出庭，因为有时候一个案子必须在不同区域审理，人们称这样的法庭为“巡回法院”。在早期，这是所有的律师都无法回避的。法院设施简陋，往往也是木头搭建的，舒适程度跟仓库或畜棚差不多。但无论法院在哪里开庭，人们都会从四面八方汇聚而来，法庭中总是挤满兴味盎然的听众。正因如此，连最没有文化的农民，也能掌握法律基础知识和基本原则。乡村法院是融知行于一体的学校，这所学校向民众传播何为正确的职责和权利。

在林肯的律师生涯中，足有二十一年时间在这样的法院出庭[①]，着手解决了大量重要案件。他并非学富五车的律师，如果既没有老师，也没有各种机会，他又会如何呢？但他的同行们喜爱他，开庭审问案件时法官尊敬他，他还懂得如何博取陪审团的同情。刚开发的地区，法院接受的案子数量很多但都很简单，根本无需专家来理清要点。要审理的案子没有案情重大、错综复杂的，无需高水平的法律天才来处理。林肯先生很少有站错立场的时候，他的道德品质不会允许自己支持有失公正的事，也不会维护某个犯有罪恶的人。

在这样的西部法院，那段时间律师们大显身手。跟随巡回法院办案时，律师们经常不得不进行长途跋涉，沿途会遭遇各种天气变化。有时候他们骑在马背上，两个大布包一左一右来回摇摆；有时候经费不很宽裕，律师们就得沿着田间小路前行，或者要徒步横穿大草原上乌黑的泥泞小路。通常，在不同县间开展工作时，多名律师结伴而行，无论在法庭上他们反驳对方时如何激烈，走在路上时却相处得既友好又快乐。

大牧场的溪流没有桥，这些溪流在夏天会干涸，但在春天汛期水流湍急。这一时期要渡过溪流，只有找到浅滩或者峡湾才行。参加巡回法院的萨加蒙县的律师们，经常会被某条水流湍急的河溪挡住。林肯的双腿最长，他总是被同伴们打发去试探河水的深浅。他就脱下鞋，卷起裤腿，特别吃力地寻找河流最浅的地方。一旦找到这样的地方，他还和善地协助大家一起渡河——给他们演示在哪里迈步，有时候干脆大方地伸出自己强壮的胳膊把个子矮小的人架过河。

夏季的某天，几个律师到邻县出庭后返回斯普林菲尔德。他们骑着马，沿着一条山楂林和野李子树中间的狭窄

① 他的合伙人斯图亚特先生只坚持了两三年时间。林肯后来与斯蒂芬·T. 罗甘法官合作，但时间也不长。1843年他和年轻的律师威廉姆·H. 赫恩登合伙，二人的合作一直保持到林肯当选总统。——原作者注。

马路前行。他们快要走出灌木丛林了，在溪岸边饮马时，这时候才发现他们队伍中少了一个人。

“林肯到哪里去了？”他们彼此询问。

一个刚跟林肯同行的人说，林肯在后面一段距离处停了下来，他要把那些被风从巢里吹落的小鸟捡起来。他肯定是想找到鸟窝，把小鸟们放回去。

他们慢慢骑行，不久林肯的身影映入眼帘。

“哎，林肯，你找到鸟窝了吗？”

“找到了，”他说，“虽然找鸟窝挺麻烦，但如果对那些掉在地上的可怜的小家伙们弃之不顾，不交给它们的妈妈，我今晚会睡不着觉的！”

想到他魁梧强壮的体格，想到他内心深处的脉脉温情，想到他对一切脆弱和无助事物的仁慈友爱，正是这仁慈友爱和同情之心使他高尚、崇高。他的温和亲善使得他日后赢得无数追随者们的敬爱。

6．激动人心的竞选

几年光阴转瞬即逝，现在又迎来另一次总统竞选。民主党理所当然地继续提名马丁·凡·伯伦连任，辉格党则提名俄亥俄州的威廉姆·亨利·哈里森为总统竞选人，提名弗吉尼亚州的约翰·泰勒为副总统候选人。

民主党宣布，反对一切有益于部分州但损害另一部分州的工业体系；还宣称，国会没有权力干涉任何地区还在实行的蓄奴制。辉格党没有发表原则立场，他们的目标仅仅在于把民主党拉下台，并击败马丁·凡·伯伦。

众所周知，这次竞选在历史上非同寻常。许多人嘲笑哈里森将军，说他住在小木屋里，全部的期望不过是从政府领一份数量很少的养老金和一桶苹果酒。辉格党却就这些大做文章，他们建了不少小木屋，并努力在全国范围内表明哈里森是人民大众中的一员。每个小木屋的门上都是苹果酒桶，上面放着个喝酒用的长柄水瓢，随时欢迎人们前去喝些闪烁着波光的酒液。那儿还悬挂有旗帜和烤肉，有“树桩演说”，还有军乐队、宗教弥撒和激烈演说合成的吵闹声。人们谱写了许多赞歌，并广为传唱，诉说哈里森的谦卑生活和简朴习惯。在那以前，各个阶层的人们从没有如此狂热地参与总统选举，由于那段极为兴奋刺激的日子，人们尤其是西部地区的人深深地记住了“木屋选举”。

整个夏天林肯一直忙着为辉格党举行竞选演说，这是为哈里森将军，也是为他自己——这次他又是议员候选人。哈里森将军曾在印第安纳州蒂珀卡努一带大败印第安人，因此人们称呼他“老蒂珀卡努”，他所在的党竞选口号是“蒂珀卡努和泰勒[1]，双赢”。

选举日到了，哈里森以很大优势当选总统，辉格党几乎赢得了全面的胜利。亚伯拉罕·林肯第四次当选州议员。民主党的杰克逊政策暂时告一段落[2]。

1840年的这次总统竞选，两党之间的竞争特别激烈，以至于许多人没有注意到这时还有第三个党派首次登场。这个党大胆地提出一个相当敏感的问题，而其他两党对这个敏感问题避而不谈。这个问题便是蓄奴制度问题。辉格党和民主党都认为关于这个问题的任何争论，都是不明智的，都是应该回避的。

然而仍有几个态度坚决的人认为，蓄奴制不仅是个重大的道德问题，它还是国家民主制度的一大持续威胁。无论北方、南方，都有极为憎恨蓄奴制的人，这些人的数量越来越多，最后决定成立自己的政党，自称“自由党”——但别人根据其宗旨称其为“废奴主义者”——他们提名詹姆斯·G. 伯尼为总统候选人。伯尼先生当然没拿下一个州，也没赢得一张选票——没人对他们抱以期望，但他的竞选提名却使蓄奴制问题成为所有政治问题的重中之重。

我们知道，林肯关注到蓄奴制问题，是在新奥尔良拍卖会上看到男女奴隶被出价最高的人买走时开始的。但他不是废奴主义者，他反对以任何形式干预蓄奴制，他认为废除蓄奴制不会使事情变好，反而会更糟。成千上万对黑人友好的人也这么认为。在他们看来，蓄奴制是不可能治愈的罪恶，这些人还说：“由于蓄奴制的存在必须被容忍，我们就耐心地容忍它存在吧。”

① 泰勒，即约翰·泰勒（1790—1862），哈里森竞选期间的搭档，辉格党的副总统候选人。哈里森在职期间，泰勒担任副总统，哈里森病逝后，泰勒继任总统，成为美国第十任总统。

② 1841年3月4日，哈里森总统宣誓就职，辉格党盼望着开始至少四年的美国政府治理权。但他们的美好愿望很快就破碎了。宣誓就职仅仅一个月，哈里森总统就病死。接任他职务的副总统约翰·泰勒是南方辉格党人——约翰·C. 卡霍恩的追随者——与多数党员有隙。泰勒上台不久即与选举他的人分崩离析，辉格党领导人开除了他，上任不足一年他不得不向民主党寻求支持。

现在，如何正确无误地理解这项摆在林肯面前的重要事业——这难以想象——我们仔细看看这个问题吧！当亚伯拉罕·林肯在昏黑简旧的办公室接待委托人时，或者和同伴们骑马跟着法院巡回审理时，抑或是为了支持他认定的党派而做树桩演讲时，我们把视线从他身上暂时转移开，先去看看蓄奴制的历史。如果有可能，我们要弄清蓄奴制的起源，一个人何以能长久地受奴役束缚在一国之内——而这个国家，用林肯先生的话说："孕育于自由之中，奉行人人生来平等的原则。"[①]

林肯的葛底斯堡演讲纪念碑

① 此语出自林肯于1863年在葛底斯堡战役后发表的演说，完整的句子是："八十七年前，我们的先辈在这个大陆上创立了这个崭新的国家，它孕育于自由之中，奉行人人生来平等的原则。"

7．主人和奴隶

最初，人们有多种原因蓄奴。我们在古代史中读到的最伟大的国家，都是蓄奴制国家。至今在一些原始未开化或半开化国家，仍有大量奴隶存在。直到最近，多数文明人才开始意识到奴役同类既不明智又不公正。

我们世代的祖先都认为，黑人和印第安人是没有任何权利的次等人种，因此注定只能为主宰他们的主人服务。

这个国家最早的奴隶是1619年由一艘荷兰轮船带到弗吉尼亚的，人数不过二十人。他们都是原始黑人，来自非洲——半裸，粗野，面目可憎。詹姆士河畔的种植园主不想买下他们——他们对这些家伙是否适合干活儿充满怀疑，但荷兰贸易者卖价非常便宜——如果没人买，就把这些黑家伙全扔到船外面——这些黑人被带走了。

这只是个不起眼的开始，此后和南方殖民地那样，黑奴也大量进入北方的各个殖民地。只有佐治亚州规定，役奴人是法律所禁止的，“这个殖民地，”它的开创者说，“为了自由白人劳动者的利益而成立。但凡有奴隶的地方，自由劳动者是永远不会繁荣昌盛的。”但那个殖民地早期拓居者认为，自己的工作交由黑奴来完成是件让人舒服的事。他们公开反对这项法律，并且参与奴隶买卖，认为蓄奴制是永远不该取缔的。这项法律不到二十年就被废止取消了。

美国南方奴隶种植园

只有极少数的美国殖民主义者意识到蓄奴制的危害，他们认为不应该再源源不断地从非洲贩运来奴隶。弗吉尼亚采取过措施希望停止输入更多的奴隶；但许多英国人通过黑奴贸易而迅速致富，英国国王和议会警告这些殖民主义者们不该多管闲事。

事实表明，蓄奴制对北方殖民地并无多大好处。渐渐地，人们不再愿意保留一项明显阻碍社会繁荣发展的制度。但一直到独立战争打响，对于取消蓄奴制人们并没取得任何进展。

不久，我们的国家从大不列颠脱离并独立，北方各州即开始中止这种没有任何好处且麻烦重重的制度。新罕布什尔州走在各州前列，紧随其后的是宾夕法尼亚州、马萨诸塞州和新泽西州。不久，整个特拉华州北部地区的奴隶也都获得自由。这不仅是因为人们认为蓄奴制度极端错误，也因为蓄奴制对白人阶层有害，许多白人不得不自谋生路。

但在南方则是另一番景象。在大面积种植马铃薯、槐蓝[①]和其他土壤肥沃的地方，奴隶非常有用。卡罗来纳州地势低洼，气候条件恶劣，都要依靠黑奴干活儿，在白人劳动力不足的地方黑奴最为活跃。在弗吉尼亚和马里兰，如果没有奴隶的劳动就不会有大批的种植园。在这些州看来，

① 一种能产生靛蓝的植物。

保留蓄奴制度是必需的。

然而，也有一些南方人意识到那些乡村正滋生种种隐患，它们需要正确引导。华盛顿、杰斐逊、麦迪逊、帕特里克·亨利——地位显赫的弗吉尼亚人，他们都是奴隶主，然而他们却希望废除蓄奴制，杰斐逊还著文并公开发言反对蓄奴制。

美国脱离大不列颠取得独立后不久，为位于俄亥俄河和大湖区之间的新疆域制定法律成为当务之急。在这片包括了广阔森林和草场的区域，俄亥俄州、印第安纳州、伊利诺伊州、密歇根州和威斯康星州依次成立。

这一地区有丰富的不为人知的自然资源。托马斯·杰斐逊和其他卓有远见的领袖们认为，当这里向所有的拓居者敞开大门时，人们会成群结队地蜂拥而至，国民素质将和住在亚特兰大海滨的居民同样发达。这些新州需要奴隶吗？

国会回答了这一问题。一项为这些疆域的政府制定的法令规定，这一地区的蓄奴制度必须永久废止。来自南部各州的人和北方各州的人达成一致，他们起草并通过了这项法律——这项法律对国家历史进程的影响力远非其他法律堪比。

俄亥俄南部则执行另一方针，肯塔基州由弗吉尼亚州分离而出，这些地方毫无问题且无任何争议地沿袭蓄奴制度。北卡罗来纳州不再要求田纳西州对保留蓄奴制表示同意或不加干涉。阿拉巴马州、密西西比州、路易斯安那州——这些地方都被带着奴隶前来的奴隶主控制。

因此，从一开始，俄亥俄河即是西部地区自由制和蓄奴制的分界线。

南方人已经习惯了蓄奴制。一些人已经看到蓄奴制的危险，他们对奴隶耍耍花招摆出一副慈善的态度，回避那些危险，以期尽可能地把灾难向后推延。他们挖空心思想出种种办法，确保自己毫发无伤。

轧棉机发明以后，棉花种植业成为南方最主要的产业，对奴隶的需求也更为普遍。许多经营轮船的北方商人，也积极从非洲贩运奴隶卖给南方的种植园主。1808 年，法律禁止贩卖奴隶，但最大的棉花种植区对劳动力的需要却仍在增加。随着时间的流逝，南方对奴隶劳动力的依赖一年比一年强；奴隶主的利润也一年比一年多，而被奴役的黑人们的生活状况却一年比一年绝望。

因此，南方通过奴隶们的劳动而变富裕，北方对此毫无异议并且也很富强。如果南北两方没有彼此之间的嫉妒和竞争，一切原本是可以和平发展的。

奴隶在采摘棉花

那时候的联邦政府由北方十七个州和南方十六个州组成，因此国会也被分成两方。自那时起，政治家们采取的政策即是阻止一方力量比另一方强。为了达成某种默认的共识：任何新被允许加入联邦的州，一个蓄奴制州必须对应一个与之力量制衡的自由制州。最初，自由制佛蒙特州与蓄奴制肯塔基州相制衡，田纳西州则与俄亥俄州紧紧相盯；路易斯安那州居于印第安纳州之前；而密西西比州则和伊利诺伊州相对应。

麻烦最早出现在密苏里州申请加入联邦时。那时候密西西比州是最西边的州，再往西，由密西西比河灌溉的大片原野既无人定居，也不为人所知。如果允许密苏里采取蓄奴制，那块空地能再成立别的州与之制衡吗？

一些北方人希望国会严格限制密西西比河东岸的蓄奴制度。另一些人则主张国会没必要理会这类事，并主张密苏里人应该自己决定制度问题。但那时美国东北角的缅因州正打算成为一个自由制州，这时候南方需要下一个加入的州必须站在蓄奴制的阵营。

国会上演着非常激烈的争论，甚至有的州——尤其是新英格兰州——公开威胁要退出联邦。不过，最后经过伟大的调解者——亨利·克莱的努力，双方达成妥协[①]。缅因州得以成为自由制州，密苏里则保留蓄奴制；除北纬 36 度 30 分以南加入南方的那些州和地区以外，密西西比州以西所有地区禁止蓄奴。

① 即“密苏里妥协案”。1819 年，密苏里申请加入联邦，国会中南北双方的代表就该州实行什么制度问题争执不已。1820 年，双方达成妥协，并通过一个法案，规定密苏里作为蓄奴州加入联邦，同时把马萨诸塞州的缅因地区分出，另建一个自由的缅因州，以保持南北政治上的均势；如今后再有类似事件时，以北纬 36 度 30 分为界，在此线以南的新建州可以作为蓄奴州加入联邦，而此线以北的新建州不得作为蓄奴州加入联邦。

这项协议的采纳非常有利于南方，不仅把另一个蓄奴制州带入联邦，还解决了密西西比州以西是否采纳蓄奴制的阻碍，解决了国会无权决定的问题的范畴。在北方，即使是那些不支持蓄奴制的人们也很满意这项协议，因为它看似肯定了广大西部地区的自由权，将来这些地方再成立新州都将是自由州。

就这样，这场争论因双方都满意而平息。蓄奴制问题从政治问题中消失，无论民主党还是辉格党都小心地避开这个话题。蓄奴主义势力主导着政府，多年来，所有的官员，从高高在上的总统到位卑低微的乡村邮差，都宣誓服从这一势力。连教会也受其控制，新闻报纸不敢反对它，甚至连学校也受其影响，学生课本不得包含谴责人身奴役的内容。

1833 年 12 月，一些人从十个不同州赶来，会集于费城，成立了全美废奴协会。这个协会的成员一致决定要废除他们认为危害国家利益的、错误的制度。除了极个别的最不理智的人认为应该采取各种暴力手段，人们都呼吁使用道德影响的方式。他们举行演说会，著书，印刷宣传册——这样做的全部目标是把问题摆到人们面前。他们中最卓越的领导人有温德尔 · 菲利浦，威廉姆 · 劳埃德 · 盖里森和约翰 · 惠蒂尔。

该协会的行为向南方奴隶主敲响了警钟。奴隶主们认为，那些反对蓄奴制度的人妖言惑众，并把蓄奴制的罪恶程度夸张过大、不符现实。他们认为这个协会的目的在于鼓动奴隶们起来反对他们的主人，并通过流血战斗以赢得自由。

协会成员被称为废奴主义者，南方人对他们恨之入骨，北方亲蓄奴制的人们也谴责他们。即便在拥有“美国自由的摇篮”之称的波士顿，也有人围殴他们。废奴协会做宣传演讲的大厅被焚烧，印刷宣传册子的印刷厂被毁坏，他们的作品、论文和信件，也被禁止在国内邮寄。

但协会仍继续自己的事业。每年都有新的成员加入；而每年奴隶问题都日趋严重。最后，就像我们所看到的，一个政党——自由党——成立了，它的目标即是激烈讨论蓄奴制问题。

然而，到目前为止，来自社会各团体的数量庞大有思想见解的人们却表示反对或者保持沉默。他们说 :“过激讨论只会使问题更糟糕。因为蓄奴制已经与我们同行，我们所能做的是充分发挥它的作用。关于这个问题的所有讨论都只会激发人们的反感情绪。过激讨论非但愚蠢，而且还有害。”

林肯就是这么认为的。当这个问题在汪达里亚举行的立法会议上提出时，会议通过决议严厉地批评了“废奴主义者”。林肯先生和“长九”中的另一成员极为耐心地把他们的观点写了下来。林肯先生他们认为:“蓄奴制度的建立基础是不公正的，是罪恶的，但废奴主义观点的公开发表，却趋向于增加而非削弱其罪恶。”

这是林肯先生最早就这一重大问题发表的公共意见，这一问题正迅速成为所有有头脑的美国人最为关注的中心。

8. 爱情和贫穷

林肯先生在斯普林菲尔德的生活，有几年与西部地区其他成功的律师无异。他努力打理事务所的工作，到处做“巡回审判”，积极参加政治活动，很少做与辛勤的同行们不同的事。

三十三岁这年，他娶了玛丽·托德[①]。玛丽·托德来自肯塔基，当时和朋友们住在斯普林菲尔德。婚后一段时间，林肯夫妇寄宿在名为“全球客栈”的小旅馆中，房间狭小破旧，每月食宿费四美元。约两三年后，林肯先生建了一幢虽小但还算舒服的房子，此后他们在斯普林菲尔德一直住在这个房子里。

林肯先生从最为卑微的境况下出人头地，取得受同伴们尊敬的地位。在律师行业他也不断取得成功；他还因政治上有所作为而受人瞩目，但他那时仍是穷光蛋。而林肯夫人说：“我宁可嫁给一个有着成功潜力和光明未来的好人，也不愿嫁给在世上只有成群马匹、成片房屋和金银珠宝的人。”[②]

① 玛丽·托德出身于贵族家庭，其父曾当过国会众议院秘书、州参议员，后来又做了肯塔基银行行长。玛丽比林肯小九岁，毕业于培养“上流妇女”的学校，会讲法语。她因与继母不合而离开家，来到斯普林菲尔德的姐姐伊丽莎白家居住，与林肯相识于1839年。

② 1840年，玛丽·托德要与林肯订婚，玛丽的姐姐伊丽莎白和姐夫爱德华兹竭力反对，他们认为林肯出身贫寒，与她们家门不当、户不对。玛丽小姐直截了当地告诉人们，林肯是好人，有前途，是她最中意的人。

林肯夫人玛丽·托德

9. 关于得克萨斯

又一次总统竞选即将到来，同时有个至关重要的问题必须作出决定，那就是，“得克萨斯是否应该并入美国联邦？”民主党人回答“是”，而辉格党人说“不”；选举的结果意味着国家对这一问题作何种选择。

得克萨斯是墨西哥的一部分，过去属于西班牙殖民地。1822年，墨西哥脱离西班牙控制，成为一个独立国家。那时得克萨斯隶属墨西哥版图，地域宽广，少人耕作，绝大部分地区未曾开发。它包括一个古老的西班牙村庄——名叫圣安东尼奥·德·贝克塞，也可能还有两三个其他的不起眼的小村庄。

墨西哥似乎没有发现它有拓殖意义。但这么肥沃的大地可不会长久躲在美国人视野之外。康涅狄格州的美国人摩西·奥斯汀，是最早呼吁人们注意这片土地的人。他相信，格兰德河以东这片被忽视的疆域，将会成为财富和力量的中心。他对此深信不疑，并得到了墨西哥政府批准，可以经营科罗拉多山谷中的大片土地。然而未等大展宏图他就死了，他的儿子斯蒂芬继承了他的事业。

斯蒂芬·奥斯汀在他父亲获得准许的土地上，建立了几个美国殖民点。其他美国人也来到这里，在这片疆域上不同的地方建起拓居地。南方奴隶主还带来了他们的黑奴，开始经营棉花种植园。玉米地、果园也一片片出现。从一开始，拓居先驱们心中就认为，他们脚下的这片土地，不是墨西哥的一个省，而是美国的一个州。

1836 年，在田纳西人萨姆 · 休斯顿的领导下，得克萨斯人揭竿而起反对墨西哥。他们建立了自己的政府，他们证实了自己的庄严和才能，英国和美国政府都把得克萨斯视为一个独立的共和国。

然而得克萨斯人却不希望总保持独立，他们希望自己的国家能成为美利坚合众国的一部分。但凡 · 伯伦总统是个审慎过度的人，他并不热衷于扩大国家版图。“我们的国家，”那时最有见解的政治家们说，“已经够大了，没有得克萨斯会比得到得克萨斯更富强。”

所以，合并的问题一年年拖延下来。南方奴隶主越来越渴望把得克萨斯并入联邦；这样一来，他们从那里得到的不仅是实行蓄奴制的棉花种植大区，还能在国会中增加自己阵营的两名参议员和至少一名代表，还可以抵消北方最近取得的一些财富实力。最后，流言四起，说英国正计划占据得克萨斯，使它成为大英帝国的一部分。这激起了西部的战争热情，到处都能听到这样的喊声：“我们要不惜一切代价得到得克萨斯！”

10．1844年的国家政局

我们不难理解，1844 年的总统大选将彻底解决关于是否合并得克萨斯的问题。民主党人提名的总统候选人是田纳西人詹姆斯 · K. 波尔克，辉格党提名的是肯塔基的亨利 · 克莱。波尔克名气不大，不顾一切地热衷于合并得克萨斯；克莱则以最智慧的美国政治家而早就名声显赫，但他现在却不够智慧了，没有成功地提出任何明确的主张。

在这次竞选中，林肯的工作最辛苦。他所从属的党派提名的候选人不是他的政治榜样吗？他本人也参与伊利诺伊州竞选。他走遍了全州，代表他所崇拜的政治家的利益发表各类演说，并反对合并得克萨斯。他还走访了少年时代生活过的印第安纳州鸽子溪畔，在一群老邻居前发表演讲，这些老邻居们还记得在他年少时站在树桩或木堆上发表长篇大论的情景。

就在这时期，斯蒂芬 · A. 道格拉斯也在伊利诺伊发表演讲，竭尽全力竞选国会议员，并帮助波尔克先生竞选总统。林肯和道格拉斯在不少地方同时发表演讲，很难说出谁赢得的掌声和喝彩多，谁更有雄辩口才和说服感染力。

选举结果可以预见，但却是亨利 · 克莱的支持者们最不希望看到的；对亚伯拉罕 · 林肯来说，这结果也相当失望。最终，詹姆斯 · K. 波尔克以明显优势当选总统。

人们就得克萨斯问题道出了心声。没等到波尔克先生坐上总统坐椅，国会即通过合并得克萨斯的决议。泰勒总统最后处理的几件事，有一项就是签署这项决议。没等到次年年底，得克萨斯作为一个保留蓄奴制的州获准加入美国联邦政府。

詹姆斯·K. 波尔克

11. 墨西哥战争

美国政府宣称，得克萨斯的西部疆界是格兰德河，而墨西哥政府认为是东方的纽埃西斯河。两条河之间的疆土是极其原始荒凉的不毛之地，贫瘠而一无是处，又不宜人居，但波尔克总统说，它仍然值得我们为之战斗。

扎迦利 · 泰勒将军带领一支联邦军队驻扎在得克萨斯。有少数墨西哥人驻扎在格兰德河东岸有争议的地区。人们希望泰勒将军能向前行军，把入侵者赶出这一区域。但他知道此举必然成为战争导火线，因而犹豫不决。他是不希望发生战争的真正的好士兵，所做的一切是为了和墨西哥邻居保持和平共处。

墨西哥战争示意图

然而波尔克总统在他位于华盛顿的办公室中已作出发动战争的决定。他命令泰勒将军必须跨过争议区，占领格兰德河以东疆域。但墨西哥的一支大军越过格兰德河，并把泰勒击退。双方在帕罗奥多大地上激烈开战。最后，墨西哥败北，丢失了大片疆土，退回本土。

战争早已拉开帷幕。泰勒将军现在决定把它继续推进，此时他满怀必胜信心和勇猛豪气，这为他赢得了一个绰号“基本搞定”。他发现了使战争最快结束的捷径，就是紧随墨西哥人，越过格兰德河，到墨西哥本土作战。战斗一场接一场，胜利总是属于美国。

当时既有北方人也有南方人认为这场战争缺乏公正——这场战争是波尔克总统强加于墨西哥人头上的，其目的在于从我们势单力寡的邻居那儿强行夺取土地。对此，辉格党人曾坚决表示反对，但现在战争已真正打响，他们又全部表示支持。实地援助士兵，投票支持军队，为美国军队祷告，这些都是爱国主义行为；从这方面讲，辉格党的爱国热情绝不亚于民主党。

我们的目标并不是通过血流成河的战斗和美军的胜利来打持久战。战争如期结束，结局是墨西哥人蒙羞惨败。格兰德河和纽埃西斯河之间的疆土的所有权问题，一劳永逸地解决了。这片空旷的疆域包括新墨西哥州、犹他州、亚利桑那州、加利福尼亚州，还包括科罗拉多州的一部分，现在都隶属美国了。

这些战争之所以爆发与南方政治家们有重要关系，他们希望战争的结局能加强蓄奴制的力量，能把蓄奴制度扩大到已到手的新领土上。墨西哥被迫把那片土地割让给美国时，已要求美国政府承诺不得在此实行蓄奴制，但代表美国政府的大臣却拒绝道：“除非这片土地被一英尺厚的黄金覆盖着，除非提供出能把蓄奴制排除在外的特权，否则恕我难以从命。”

12. 当选国会议员

当美国军队在墨西哥胜利会师时，其时已临近又一次国会选举。在伊利诺伊州的几个选区中，辉格党仅对一个选区有十足把握，这就是斯普林菲尔德选区，亚伯拉罕·林肯被提名为辉格党候选人。民主党提名的是彼德·卡特赖特，他是卫理公会教派牧师，自该地区早期开拓时即负盛名。

此时的林肯仍然一贫如洗。他在全县做演讲时，辉格党的朋友们给他提供了二百美元的竞选费用。8 月，竞选结束，林肯以该选区辉格党人从未有过的明显优势获胜。他的朋友们几天后吃惊地收到林肯的来信，信中寄回 199.25 美元，林肯在信中写道："我骑的马是自己的，晚上住宿是在朋友家；全部的花费是 75 美分，给一些农民买了点苹果酒。"

在国会任职期间，林肯在那里结识了许多日后名留史册的著名人物。

有一位是八十岁的约翰·昆西·亚当斯，他已至迟暮之年，曾经担任过第六任总统，自那时起，他即是国会中最重要、最著名的反对蓄奴制的人士。

还有一位是富有学者气质、多才多艺的罗伯特·C. 温思罗普，他是白宫发言人，是当时最早发现林肯先生的机智、聪敏和镇定的极少数人之一。

安德鲁·约翰逊也在其中，他曾经是田纳西州的文盲裁缝，但此时已是最活跃的政治家之一，正健步行进在通向美国第十七任总统的道路上。

还有佐治亚州的亚历山大·H. 斯蒂芬，南方最有才智的大人物，他却在日后的岁月里失去了公正，成为反对联邦政府的领袖，还当了美国南部邦联的副总统。

还有一位初次当选参议员的斯蒂芬·A. 道格拉斯，他是林肯日后的同道和毕生的竞争对手，不久之后他成为民主党的“小巨人”和美国政坛的重要人物。

马萨诸塞州的丹尼尔·韦伯斯特也在其中，此时他已接近政治生涯尾声，他是一位对爱国主义有自己见解的坚定爱国者，一位热爱美国但更热爱南卡罗来纳州的爱国者，一个早年在南方竞选中主张各州可以拒绝国会法令的辩护人。

还有约翰·A. 迪克斯，他是来自纽约州的反对蓄奴制度的政府代表，三十年后被民主党总统任命为财政部大臣，他得以被后人铭记在于他曾在一封电文中写出这样的话：“如果有谁阻碍美国国旗飘扬，当场格杀勿论。”

还有一位是即将开始三十年国会任职生涯的托马斯·H. 本顿，这位来自密苏里州的政治斗士，极力鼓吹支持墨西哥战争并严厉反对联邦的一切敌人。

来自新罕布什尔的约翰·P. 黑尔，以民主党员身份入选国会，但在蓄奴制和吞并墨西哥疆土等问题上，却是最英勇无畏的反对者之一。

还有来自墨西哥战场的新人杰斐逊·戴维斯，这位军人、棉花种植园主出身的政客，正处于上升期，迄今为止还不为人所知，但很快就成为美国奴隶主势力最强有力的中坚分子。

在美国历史上或许再也没有如此群星汇集、济济于国会的时刻了，从最极端的蓄奴制度捍卫者到对自由最富热忱的朋友，他们各持政见，各踞立场。有些人已经名声显赫，业绩斐然，即将退出历史舞台；另一

林肯和他的马

DO NOT ENTER
TREE PRESERVATION AREA
PROHIBITED

些人则刚刚粉墨登场，他们的征程刚刚开始并且还将继续，他们属于明天，属于未来。

亚伯拉罕·林肯带着人们的信任，进入如此引人瞩目的群体中。他的得体礼节，精彩演讲，朴素衣着，都是他来自西部新拓居地的表征。但国会中那些老成员并没有怠慢这位来自伊利诺伊州的个子高高、相貌丑陋、没有卑劣思想的年轻辉格党人。

白宫众议院经常有他的发言，他比普通的众议员要活跃得多。“我感觉在这里发言，和在别的任何地方发言，说的都是一回事，”他给家乡的朋友们写信道，“但在法庭上发言时，我相当恐惧。”

他所做过的最知名的事，是向总统提出一项决议，阐明墨西哥战争的起因和经过。他通过演讲来支持这项决议，他的演讲既精简凝练又睿智明晰，使他成为国会能力最强的发言人。

扎迦利·泰勒将军

在华盛顿的两个冬天里，他逐渐注意到几乎所有的事都不符合他心目中的正直和公正，不禁为自己的国家深觉耻辱。就在国会大厦的楼下，他看到成群被锁链紧紧束缚着的黑人穿过街道，在监工残忍的鞭打下跌跌撞撞地跑动。他在拍卖会上看到男人、女人、孩子，这些黑奴被迫前往码头或者车站，再被运到南方的棉花种植园。这些场景一次次地刺痛他，他的内心时常翻滚着对处境悲惨的卑微生命产生的同情和怜悯。他作为一名美国公民

扎迦利·泰勒将军之墓

的骄傲，被触痛了；因为在全世界任何文明国家的首都无法看到这种本该属于野蛮年代的情景。

但是，他能做什么呢？他仍然相信，任何针对奴隶问题的宣传鼓动，都只会使事情更糟糕。没有谁比他更反对蓄奴制度，但他不想加入激进的废奴主义者行列。他主张，蓄奴制可以保留在那些已经存在蓄奴制并且人们希望它存在的州；但在伟大国家的首都，至少得对蓄奴制采取限制措施。因此，最后，他向国会提起一项议案，建议逐步取消哥伦比亚特区的蓄奴制。

这项议案相当温和适度——废奴主义者们认为它与己无关，但来自南方的议员把它理解为反对蓄奴制的办法，他们拒绝听取它。最后，这项法案只得被停止讨论，林肯先生的议案连投票的机会都没得到。

墨西哥战争造就了两位英雄，扎迦利·泰勒将军和温菲尔德·斯科特将军。这两位将军都反对波尔克总统强加于墨西哥的这场战争。但他们是忠诚的军人，当战争一旦真正打响，他们在精神力量的激励下，分别取得了一系列接连不断的胜利。

对辉格党来说，泰勒将军是最为理想的总统竞选人。国会中辉格党人有个俱乐部，其成立宗旨是促成对泰勒将军的提名，并帮助他竞选。在这个俱乐部中，最积极的成员是伊利诺伊州的亚伯拉罕·林肯和佐治亚州的亚历山大·H.斯蒂芬。泰勒将军是个口齿笨拙、举止不雅的军人，他身上缺乏伟大政治家的素质，但他是时下的军中英豪，最有可能赢得人们的选票。

民主党提名的竞选人是密歇根州的刘易斯·卡斯。一些反对蓄奴制的北方民主党人成立了一个名叫“自由土地党”的新党派，并提名马丁·凡·伯伦参与总统竞选。

自由土地党的成员并不都是废奴主义者，他们并不反对蓄奴制本身，只反对蓄奴制的扩张。他们坚持联邦不应该再增加新的蓄奴州，其战斗口号是“土地自由,劳动自由,言论自由”。他们之中有几位久负盛名的人：著名的演讲家马萨诸塞州的查理斯·萨姆纳，他以英勇无畏地宣传自由理念而闻名；纽约州的威廉姆·卡伦·布赖恩特，是美国最早的诗人和最著名的新闻记者；俄亥俄州的萨门·蔡斯，后来成为美国首席大法官；还有其他一些知名人士。

辉格党在奴隶问题上没有表明明确的立场，尽管党的一些领导者声称他们立场接近自由土地党。

亚伯拉罕·林肯一如既往地满怀诚挚和热情参与竞选。他在新英格兰州和纽约州发表为数不多的演讲，那些听众也不是为了听他的观点而来，而是想看看“西部野地来的落伍演讲者”长得什么样子。于是他返回伊利诺伊州，把那年夏天剩下的时光都用来呼吁家乡的人们支持辉格党竞选人。他对这次竞选的结果相当满意，因为泰勒将军竞选成功了。

13. 重返斯普林菲尔德

林肯希望新上任的总统能做些让自己党派满意的事，也希望他能给自己安排一个好职位。他一心期望能在华盛顿担任国有土地管理局的长官，但在国会休会期他提出职位申请时，却失望地发现总统把这个职位给了别人。

在泰勒将军看来，这个来自伊利诺伊州的个子高高、举止笨拙的人，不过是个一心为自己的州谋利益的西部政客，给他任何职位他都会心满意足。"俄勒冈地区[①]的行政长官，"他对林肯说，"如果你愿意，可以任命你这个职位。"

林肯拿不定主意是否前往任职。那个时候，俄勒冈看似远在世界边缘之外，要到达那里必须经过漫漫长路，要么沿密苏里河坐船而上或者搭乘马车而上，要么乘船绕行巴拿马大峡谷走更远的路途。当时那一地区居民很少，一个雄心壮志的人去那里能有什么作为？他犹豫了，决定回家和亲友们商议后再作决定。

回到斯普林菲尔德家中，他向家人说已被任命为俄勒冈地区行政长官，林肯太太当即对此作出表态。她说，现在

① 俄勒冈地区位于美国西北部太平洋沿岸，北接华盛顿州，东接爱达荷州，南邻内华达州与加利福尼亚州，西濒太平洋。该地为印第安人繁衍生息之地，州名与州内最大河流同名，源于印第安语，意为"西部"。另一种说法是来源于一位叫"Ouragan"的法国猎人的名字。1543年当第一批白人到达时，约有分属125个部族的十几万印第安人居住于此，以采集和渔猎为生。1830年以后，大批美国白人从中西部迁移到西北部太平洋沿岸。1848年建立俄勒冈地区，1859年加入联邦，为美国第33州。泰勒总统任命林肯为这一地区的行政长官时，时值1849年，该地还未引起人们注意，也未加入美国联邦。

已经是她所能接受的最西部了，边疆的生活她已经过够了。

因此，林肯谢绝了总统的任命，放弃了在政府任职的想法，悄然抽身，继续从事律师工作。律师事务所的业务曾因他去了华盛顿而流失，现在必须从基础简单的业务重新做起。好在斯普林菲尔德所有人都知道他，他没用多长时间就挽回了先前流失的业务。虽然在首都工作生活过两年，但他并没有因此而傲气十足。在之后的十年中，确切地说一直到他当选总统，他一直生活得极为简单朴素、谦

亚伯拉罕·林肯总统和他的儿子罗伯特·托德

虚温厚。

他的法律事务还没繁重到需要整天留在办公室忙碌的程度。他终于有时间和家人共度温馨时光了。天气好的时候，人们会看到他不穿大衣、不戴帽子，推着孩子在屋前小路上散步。来访的亲友有时会惊讶地看到他躺在走廊通道的地板上，高声朗读喜爱的书籍，或者和儿子们打闹游戏。他一直亲自照料马匹，时常在草场放牧牛群或者挤牛奶，时常锯木头、砍树、劈柴，简言之，他自食其力，从不耻于做这些必须的粗活儿。

不熟悉的人如果看到这个举止笨拙、衣着平凡的人——大衣总是太长，裤子又总是太短，皮鞋也不亮——和孩子们嬉笑打闹，亲自做粗活儿，谁也无法想象到十年后他会成为我们国家的第一号人物。但他的亲友和邻居们却心知肚明，他有一颗最为伟大的心灵和最有力量的人格魅力，终有一天这些品质会助他置身于最一流的国民行列之中。

14. 蓄奴制问题现状

斯普林菲尔德静谧如水的几年中，林肯先生从未放弃对公共事件的关注。他渴望看到这个国家发生巨大的变化，并一直密切关注各个重大事件的进展，关注、征询和研究来自华盛顿的消息，是他每日例行之事。

这一时期的焦点新闻是是否批准加利福尼亚加入联邦政府。加利福尼亚是从墨西哥得到的疆域的一部分，战争结束后不久，那里发现了金矿。来自各个地方——尤其是北部各州的人，迅速云集于此。那里没有蓄奴制，人们也不希望采取这个。短短几个月时间，这块疆域的人口就比大西洋沿岸各州都多，人们经过商议后，请求国会允许加利福尼亚以自由州身份加入美国联邦。

加利福尼亚的一部分地区在“密苏里妥协案”所议定的自由制和蓄奴制分界线以南，由于整片土地都是从墨西哥手中得来的，它理应采取蓄奴制；南方的政治家们也希望如此，从而使加利福尼亚加入南方阵营。如果它被准以自由州身份加入联邦，那么南北两方在国会中的平衡就会被打破，当时也没有迹象表明还有别的新州能以蓄奴制身份加入联邦以修复南北均衡。如此一来，北方的力量势必会比南方强大。出于这些考虑，国会中的南方成员拒绝批准加利福尼亚加入联邦；而北方成员则一再坚持批准，这个问题在双方激烈的争论中吵了十个月。

争论双方都十分坚持，以至当时不大可能有和平的办法解决这个棘手问题。南方各州又以脱离联邦相威胁。然而当时主流的想法仍是维护联邦统一，无论南方、北方，但凡有爱国心的所有议员都持这一观点。

在危急关头，最伟大调解者亨利·克莱在参议院挺身而出，提出一个解决这场争议和其他所有涉及蓄奴制问题的议案。就像三十年前他敦促而成的“密苏里妥协案”那样，他再次提出一个解决办法。为了使北方各州满意，这项协议规定，立即允许加利福尼亚以自由州身份加入联邦；而为了安抚南方各州，这项协议又规定，不得干涉由墨西哥得来的其他疆域今后采取蓄奴制。该协议还规定，国会应通过一项严格的法律，要求自由州应向南方奴隶主遣返逃亡到北方的奴隶；该协议还对哥伦比亚特区奴隶贸易行

拉什莫尔国家公园中的四位总统巨型雕像，林肯在最右侧。

为做了规范，确定了最终废除的规定。

克莱先生的调解办法得到丹尼尔·韦伯斯特的支持，这是他在平生最后一次规模盛大的演讲会上对克莱先生表示支持。但这个办法也遭到约翰·C. 卡霍恩先生的反对，这也是他的最后一次演讲大会。韦伯斯特的演讲，极为激烈地反对任何想脱离联邦的想法。“和平脱离联邦，是空前绝后的大事，”他说，“究竟是哪个蠢蛋想看到这种糟糕的事发生？竟然妄想分裂我们伟大的祖国！妄图肢解我们光荣的祖国！我们决不允许！先生们！决不允许！我们不要分离。如果一个人口口声声说分离，那他绝不是绅士，而是龌龊小人！”

而卡霍恩先生的演讲却弥漫着令人沮丧的不祥之气。如果南方各州没有被剥夺原有的种种权利，他会非常希望联邦保持统一。他说，可现在南方正一天天地失去土地，她还正遭受美国大部分国土的拒绝，她承担的赋税也过于沉重；如果国会中南北平衡力量再被打破，那她最后的希望也会破灭。他还宣布，如果不阻止某些人就蓄奴制问题的煽风挑拨，那么最终的结果无疑是分裂。

一项使克莱先生的调解协议具体化的议案，不久在国会正式提出。看起来，它提供了解决当时国家面临的最棘手问题的唯一办法，并取得了南北两方的支持。最后，该法案得以通过，即为历史上相当有名的“1850年妥协案”。

“以后不会有更多的事端了，”丹尼尔·韦伯斯特说，“这些办法是矛盾的终结，今后大家可以享用和平生活了。”

“我曾下决心，就蓄奴制问题永远不发表任何言论，”斯蒂芬·A. 道格拉斯说，“这么长时间以来，我们希望的仅仅是对手们不要再取消或者修改蓄奴制，难道今后我们会别有用心地主动激化这个矛盾吗？这个妥协案的确是最后的解决办法。”

关于蓄奴制问题在国会暂告一段落，参、众两院议员都把注意力转向了其他问题上，并努力忘掉那个麻烦重重的话题。但在民间，关于蓄奴制问题的激烈讨论从未消失过。最终，南北双方都对这个妥协案不满意。

北方不愿意因为执行那个“逃亡奴隶法律”而把自由州的公民变成奴隶捕猎者；南方则宣称对加利福尼亚的批准方案使得南方失去了对国会的控制。南北双方的互不信任比以前更甚，更曲解势态，把矛盾直指对方。因此，几个月后，南北之间的分歧越来越大了，奴隶问题更加严重。

与此同时，国会领导人却一个接一个地死去。1848年，约翰·昆西·亚当斯在唇间吐出最后一句“我很知足”即撒手人寰，甚至没来得及看到奴隶问题出现的新状况。1850年，卡霍恩在参议院做完发言后没几天也去世了。克莱和韦伯斯特幸存于世，但也不过是多活了两年。国家中

米勒德·菲尔莫尔

富兰克林·皮尔斯

像他们这样的政治家再也没有了。在辉格党存续的十六年内，这个由多位伟大人物组建的党派，先后产生两位总统。第一位总统在就职典礼后不足一个月即病死[①]；第二位总统是泰勒，在任职仅两年零四个月后也辞世了。

泰勒总统死后，纽约的米勒德·菲尔莫尔副总统继任。1850年的著名的“妥协案”就是菲尔莫尔总统签署并批准通过的。直到下一次总统竞选时，两党都没有准备好在那个分裂国家的问题上采取何种立场。民主党提名新罕布什尔州的富兰克林·皮尔斯为候选人，辉格党选择了墨西哥战争中尚存的英雄温菲尔德·斯科特将军为竞选人。两党都竭力避开谈论任何关于蓄奴制的话题。然而，辉格党在南方地区基本不受信任，那些地区认为民主党是唯一可信的朋友。信誓旦旦地反对蓄奴制度扩张的自由土地党，则推举新罕布什尔州的约翰·P. 黑尔为竞选人。

这次竞选是极不寻常的一次竞选，因为在国家面临的唯一重大问题前，只有保持沉默才是党派领导者最明智的做法。林肯先生再次受命在伊利诺伊州为辉格党争取选票，“我是辉格党的固定选举人，”他说，“但我几乎没有选出

① 即哈里森总统。

谁。”对这场竞选，他心不在焉，勉强做了屈指可数几场演讲。他那时正陷入深深的失望之中，感觉国家前程一片暗淡、希望渺茫。“有什么可作为？谁能有作为？如何去做？你想过这些吗？”

11 月，富兰克林 · 皮尔斯不负众望当选美国总统。南方人在北方民主党中找不到志同道合的人，因为皮尔斯向国会传递的第一个信息就是，重申“1850 年妥协案”已经解决了与蓄奴制问题有关的所有争端，在他的任期内，不会鼓动关于这个问题的讨论。

然而，一年未到，即掀起关于蓄奴制的争论，直到它后来被废除才停息。

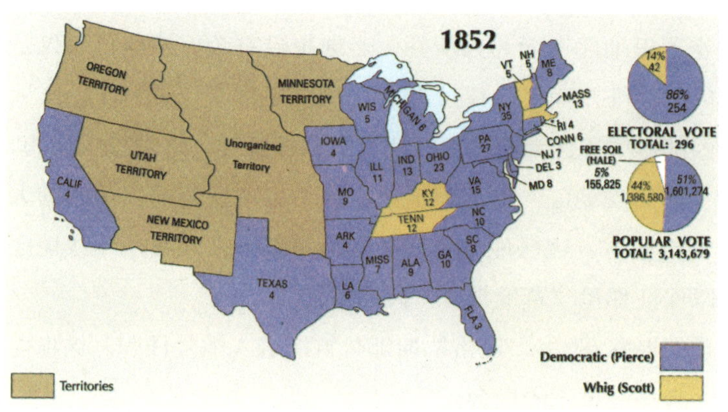

1852 年美国总统选举图

15．一项议案成为导火线

大片的草原和平原躺在密苏里西部和爱荷华一带，那里尚无人居住。这片土地以“密苏里地区”而为人所知，当地也没有政府组织，仅仅是遵守美国法律的一个准州而已。1844年，美国陆军部下令进行了一次大规模远征，在西部形成了巨大而永久的印第安人保留地。这项提议认为，整个被称之为“印第安地区”的准州地区应该给生活在美国版图内的大量印第安部落留出地方，这些地方应组建起不隶属于任何其他州或地区的政府机构，以保证那里“草地常青，溪水常流”。

伊利诺伊州的斯蒂芬·A．道格拉斯那时首次进入国会任职。这项提议计划给了他一个扬名天下的机会。

“如果沿西部边疆建起一个印第安国家，”他说，“就会切断我们与俄勒冈州和太平洋沿岸的联系。这种情况下，美国的发展和扩张必然会止步于密苏里和爱荷华州的西部边界处。”为了阻止这个计划的执行，他向国会提出议案，建议组建更大的准州地区，囊括所有有争议的领土。这个议案未能投票通过，但它只要提交国会，美国陆军部就得停止使那一地区变成印第安人保留地的做法。

在此后持续十年的时间内，道格拉斯先生在国会的每次会议上，都要提出相同或相似的议案，建议组建密苏里地区。期间少数拓荒者在普拉特河和堪萨斯河谷建房定居。出于对自己的安全着想，他们期望能拥有某种形式的政府机构，使得自己能像美国公民那样参与其中。这些现状使道格拉斯先生更有理由为自己提交的议案据理力争。

但国会议员们没有对这些表示出多少兴趣。正被人讨论的所有地区都在“密苏里妥协案”划定的界线以北，这条界线同时是自由制和蓄奴制的分界线。那些南方的参议员、众议员怎么可能对这个拒绝蓄奴制的地区感兴趣？对北方的议员们来说，他们表现得更乐于保持准州地区原状。

最后的结果是，道格拉斯先生于 1854 年提起另一议案，这一新议案和以往他所提出的议案有许多不同之处。这次他提出，两个地区——堪萨斯和内布拉斯加——应该合并，并宣布“密苏里妥协案”中止生效；同时这两个准州中的居民都要分别决定自己的地方是成为蓄奴制州还是自由制州。

这个议案得到多方的满意，因为它看似给了这两个准州地区人们决定自己家乡事务的权力。其他地方的人也很高兴，因为它似乎打开了一扇门，南方各州可以通过这扇门走上重建其在国会影响力的道路。如果没有几位自由州的国会议员投票支持，这项议案就无法获得通过。事实表明，这项议案显然有益于奴隶主的利益，它可能会使蓄奴制地区扩张的面积超过美国成立之初的十三个州。

这项议案获得通过时，整个北方的反响激烈程度超过以往。人们指责道格拉斯先生是觊觎下一届的民主党总统候选人之位，他竭力通过这项法律是为了获得南方人的选票。国会闭会期间，道格拉斯回到家乡，发现自己为许多昔日旧友唾弃，并遭到全州人民的反对。他举目所见，都是人们不高兴的图景。他到达芝加哥时，那里就像举行葬礼，不但降下半旗，还奏起哀乐。他试图为自己辩护，但周围人拒绝听他发言。只有少数人聚在他所站立的台子旁边，充满挑衅地瞪着他，不时问些让他恼火的问题。他们指责他是个披着北方人皮的南方人，把自己出卖给了南方奴隶主势力。当他尝试回答他们的问题时，台下却喧声震天，把他的声音完全盖住了。最后，他没能向任何人解释清楚他的方案，只好灰溜溜地返回家乡。

道格拉斯先生有无数理由期望重新获得并巩固与伊利诺伊州人们的友好关系，他未来的政治前程完全依赖于此。于是他用掉整个夏季和秋季不断访问全州最重要的城镇，就蓄奴制问题最新状况发表演说。他的主要意图是解释他那项“堪萨斯—内布拉斯加议案”，他娴熟地论证并成功说服了不少听众，让他们觉得那个法案并不像原先看上去那么糟糕。

他说，如果不许南方各州人迁往那些准州并保有蓄奴制，南方将永远不会同意解决该地区的问题。他们在国会有足够的权力迫使美国政府同印第安部落制订并遵守一些条约，这些条约最终会导致把整个密苏里地区奉送到印第安人手里，我们国家的那部分领土将永远顽固地与所有的白人居民为敌。居住在这些准州地区的大批北方人和南方人，都要焦急地寻找新家，并且只能待在那里等待被确认是安全的。倘若北方同意给在该地区定居人们同样的权利，无论他们来自北方还是南方，那么南方人会放弃在那一地区成立印第安国家的想法。马萨诸塞州的移民可以携带自己全部的财产进入这一地区，为什么南卡罗来纳州的的移民不能这样做，为什么不能把他们财产中最重要的部分——奴隶——带入这一地区？

道格拉斯先生说，鉴于上述原因，废止“密苏里妥协案”，北方的获益并不亚于南方，这也是对各方面都公正的方案。但他也指出自己的方案最闪亮的地方在于，“堪萨斯—内布拉斯加议案”给了准州地区的居民来决定自己是否采取蓄奴制的权利，它宣告对领土拥有自主权的，不是国会，而是人民自己。所有这些理由听来都公平公正，于是道格拉斯先生不但成功地迎回大批旧友，还结交到新朋友。人民应该是自己的主宰这一理念，不过是人民应该自己制定法律这一理念的另一种说法，这也是独立革命时期爱国者们为之战斗的目标。正如后来被人们称为“道格拉斯民主党”那样，民主党采纳“平民主权”作为他们的口号。

10 月，伊利诺伊州农产品集会在斯普林菲尔德举行，道格拉斯先生对来自全州不同地方的农民发表演说。随后几天，亚伯拉罕 · 林肯对这场演说做出回应，回顾了道格拉斯先生所有的发言。“他怀着非同寻常的热情和力量反击了道格拉斯先生的‘内布拉斯加议案’，”一位目击记者在报道中写道，“他用自己的灵魂点燃真理，并因自己的激情而颤抖，整个演讲大厅寂静无声，人们倾听他发言。他逐一罗列出那项议案的各个方面，揭开其欺骗性和虚假性，直至把它揭成碎片。在他的演讲中，无数听众目瞪口呆，众人的脸上和滔滔不绝的发言者唇间都透露出对议案的蔑视之情。这次发言，每个人都认为它无可辩驳——没有人有力量能推翻或者践踏它。”

这一著名演讲中的一段话后来经常被奉行自由理念的人们引用，以揭示道格拉斯“平民主权原则”的狭隘，“我认为，”林肯说，“移居到堪萨斯和内布拉斯加准州的人们有能力组建自己的政府机构；但是，我坚决反对那种未经他人允许而奴役他人的权利！”

在林肯先生演讲时，道格拉斯一直在场。演讲结束时，他快步走到台前，声称这位演讲者是“用最礼貌的形式”辱骂他。道格拉斯先生感觉自己彻底失败了，而众人见证了这一幕。他尽力回应林肯先生提出的问题，他一贯的自

林肯和史蒂芬·A.道格拉斯的辩论

信和虚张声势也需要如此，但他只做出一副自我吹捧的样子，不着边际地讲了几分钟，根本没有触及任何重要问题和关键点，随后他宣布会在晚上回答林肯。但天黑之后，他却消失得无影无踪，这个许诺永远没能兑现。

几天后，道格拉斯在皮若亚发表公开演说，在这里，他再次遭到林肯质疑，他们每人都向众多听众讲了三个小时。道格拉斯对自己的目标失去了信心，言辞困窘，似乎隐隐感觉到了自己的失败。林肯的发言不再像在斯普林菲尔德时那样激情澎湃，但他的论证却更加有力了。在辩论会结束时，道格拉斯对林肯说："你对那些地区的蓄奴制问题的理解程度，要超过美国联邦参议院那些反对我的议员们。和你辩论，我简直不知所措。你，林肯先生，在这里和在斯普林菲尔德给我的困扰之大，已超过参议院那些反对者们的合力。"于是，他提议二人应该返回家乡，不必在这场运动中再发表任何演讲了。林肯对此没有异议。但几天后，林肯就听说，道格拉斯违背诺言，又在这个州的别的地方发表政治演讲，再次介入该问题。

此时到了选举州立法委员会的时候，州立委还要选出一名国会参议员。伊利诺伊州的大多数选民是民主党人，但这一年情况特殊，一是因为人们对斯蒂芬·A. 道格拉斯不满，二是因为林肯本人的影响力，形势发生了很大变化。州立法委员会新成员主要来自三个党派：民主党、辉格党和反"内布拉斯加议案"民主党(即民主党内反对道格拉斯议案的人)。这三个党派势均力敌，谁比谁都强不了多少。

在选举国会议员时，民主党提名了曾参加墨西哥战争的谢尔德斯将军，反"内布拉斯加议案"民主党提名莱曼·特朗布尔，辉格党则提名亚伯拉罕·林肯。由于三党力量不相上下，三个候选人都无法赢得一个不属于他所在党派的选民的支持。当民主党发现谢尔德斯难以当选时，他们撤掉这位候选人，改为提名从未对"内布拉斯加议案"表达过支持或反对态度的乔尔·马西森，这样做是为了赢得反"内布拉斯加议案"的民主党人的选票。

林肯先生当然希望自己当选，毕竟，成为国会参议员是他最热切的愿望。但他现在发现，如果辉格党和反“内布拉斯加议案”党不携手联盟，那么就会有个民主党员当选，并且道格拉斯的议案还会顺利生效。于是他恳求自己的朋友和追随者们放弃他，把选票投给莱曼·特朗布尔，尽管他也是民主党人，但他反对“内布拉斯加议案”，并且反对蓄奴制的扩张。最终，这些人接受了他的建议，据说他们是双眼含着泪水同意这么做的。特朗布尔先生当选了，民主党在伊利诺伊州的统治也宣告结束。

这种明智而富于自我牺牲精神的做法，为林肯赢得了更多的朋友。后来，当辉格党、反“内布拉斯加议案”党和自由土地党合并成一个党派时，他被众人推举为领导人。

美国国会大厦

16. 堪萨斯战争

1854 年 5 月 8 日，国会通过了“堪萨斯—内布拉斯加议案”，华盛顿的国会山竖起加农炮宣告这件大事。人们都认为奴隶主大获全胜，但事实恰恰相反，加农炮的轰鸣声正是结束蓄奴制度的前奏。蓄奴制度的拥护者们这一步走得太远了。

大西部已经敞开大门欢迎殖民者的消息很快传遍了美国的各个州，消息还说每一地区的居民将自己决定采用蓄奴制还是自由制。北方反对蓄奴制的人们立即作出决定，堪萨斯应采用自由制——不止是堪萨斯，整个西部其他地区也都应该如此。而南方，尤其是密苏里的奴隶主们，则断然认为堪萨斯应该成为一个蓄奴州。

为抢占那块领地，南北双方展开了疯狂的竞赛。奴隶主先到达那里，大批密苏里人匆匆忙忙地跨过州界，在堪萨斯东部地区建立定居点。有些人还带来了他们的家人和奴隶，在这片全新的土地上安家，期盼着能长居此处。但更多的人只是做短居打算，在没有投票确定把堪萨斯变成蓄奴州之前，他们只是在地面立桩标识，然后搭起帐篷或者临时茅屋栖居。这些人被称为“人民主权论者”，他们的意图很明显，一旦达成所愿，就返回密苏里的家乡。

自由州的人们——比如那些被称为“反堪萨斯—内布拉斯加议案者”

的人们——下定决心不让对手抢先。以加紧向堪萨斯移民为目的而成立的团体，遍及整个北方。不久，无以计数的大队“迁居者”们拖儿携女，带着全部家当，奔在前往西部新世界的道路上，每个人都发誓要竭尽自己所能阻止蓄奴制的扩张。为了前往堪萨斯，他们不得不经由爱荷华和内布拉斯加迂回前进，因为密苏里的奴隶主们禁止他们在该州穿行。密西西比州以前尚无铁路，他们只能坐马车、骑马或者徒步跋涉，一段这样的征程要花费许多个星期。长长的旅队缓缓地穿过西部大草原前进着，他们内心的期盼和决绝的信心，可用自由主义诗人约翰·惠蒂尔的诗句来表达——

我们穿过一片片的草原
如昔日朝圣者跨过海洋
变西部成东部家园模样
那里是我们的自由之邦

我们筑起一堵堵人墙
矗立在自由之南疆
在南方低矮的棉株旁
根植北方松林的健壮

我们建立一座座学校
在荒凉草原的高坡上
为这沉寂安息的原野
奏响华美的音乐篇章

来自自由州的人们在堪萨斯河谷腹地安家，建起了劳伦斯和托皮卡[①]两个城镇。来自蓄奴州的人们和那些“人民

① 托皮卡后来成为堪萨斯州首府。

主权论者”则占据北方，在莱温沃斯建立城镇，并占据整个密苏里州边界地区。

这两群人看似力量相当。自由州的人们大部分是热爱和平的农民，他们希望通过自己的投票能合法地解决蓄奴制问题；他们不惜冒一切危险参与公平竞争。大批来自蓄奴州的人们则以猎刀和短枪全副武装，一心想制服所有的对立者；他们也想通过投票来解决问题，但他们希望所有的投票都符合自己的心意。

这群人之间不大会有“和平”这个东西。八百名蓄奴州人员在一位联邦政府元帅的率领下，向劳伦斯进军。他们毁坏了反对蓄奴制的人们建在那里的印刷厂，还烧掉了大片房屋，并把物品洗劫一空。这激起了自由州人们的愤怒和复仇的欲望，他们干掉了敌人阵营中最讨厌的家伙，并全力准备自我防御。

于是，堪萨斯内战挑起来了。兴奋和决绝在两方阵营中鼓起的热情都达到白热化。民房被焚烧成灰，人们被伏

堪萨斯内战

击杀死，有人被关押又被冒险营救，还有些规模不大的战斗。类似的纷争层出不穷，两方都越来越想打败对方。“流血的堪萨斯”的哭喊声在整个北方处处可闻，数千名一直对奴隶制问题保持缄默的人开始疾声呼吁自由。

选举时间到来时，几百名密苏里州居民在一位联邦参议员的带领下，跨过边界线来到堪萨斯，就像他们是本地居民那样参与投票。选出的立法机构，当然完全由蓄奴州的人组成。这个立法机构采纳的章程基本与密苏里州类似，它的主要特征是蓄奴制。为抵制这些，自由州的人们在托皮卡镇召开会议，并宣布这个立法机构不是堪萨斯而是密苏里州人选出的。他们要求重新选举，并选举出另一个采取自由州立法章程的立法机构，还向国会请求加入联邦政府。

此时，美国总统富兰克林·皮尔斯面临妥善解决这次争端的考验。他宣布，那个采取蓄奴制的立法机构具有该地区真正的立法权。他说，自由州的人们选举出另一个立法机构的行为无异于与联邦政府作对。他发布通告要求所有人都不得破坏堪萨斯的和平，还派出一队士兵进入堪萨斯以增加奴隶主立法机构的力量。自由州的人们选出的立法机构准备在托皮卡会面，结果被联邦军队驱散。堪萨斯也未被批准加入联邦。

“现在，斯蒂芬·A.道格拉斯，”北方人说，“你的平民主权主义体现在哪里呢？平民主权主义现在不正是未经人们许可、违背人们旨意，把奴隶制强加于堪萨斯人们头上吗？”

17. 要么控制它，要么毁灭它

在威斯康星州一个名叫里庞的村子，辉格党、自由土地党和反“内布拉斯加法案”民主党，在一个乡村教堂召开联合会议。他们说：“让我们忘掉彼此观点中所有的细微不同，为了阻止蓄奴制进一步扩张而联合起来吧。我们从今以后不再是三个分散的党派，而是团结一心的一个政党。”于是他们决心组建一个新政党——这个政党吸取一切反对蓄奴制继续扩张的人，且具有“共和主义”特征。这次会议的影响力遍及全国各地，不久多个力量较小的党派加入其中。

7 月 6 日，在密歇根举行了一次会议，该州辉格党和自由土地党正式通过了一系列决议反对“堪萨斯—内布拉斯加议案”，并成立了名叫“共和党”的新组织。未及次年年底，已经有十五个州宣布反对蓄奴制扩张，在国会中一百四十二名北方众议员中，只有二十二人继续支持斯蒂芬·A. 道格拉斯的有可能把“堪—内”区域变成蓄奴州的方案。

此时，北方人正缔结反对联盟，反对蓄奴制度。他们认为该制度是国家统一的隐患，会导致层出不穷的坏事发生，并引发更大的麻烦。

在波士顿，一个逃亡奴隶被抓捕。法院审理决定，这个可怜的黑奴应该移交给他的主人。废奴主义者们努力营救他。随后城市发生骚乱，法院遭到人们攻击。城市行政官带领一百名波士顿军人押着被枷锁束缚的奴隶，走出法院，走向被联邦军队管控的一块空地。他们沿街一直走向港口，把颤抖的逃亡者驱赶到船上，这一切是由皮尔斯总统安排的，以把逃亡奴隶重新打回地狱。这是波士顿历史上值得铭记的一天。人们开始相信，南方奴隶主如果不把整个国家所有的州都置于自己统治之下，胃口是永远不会满足的。

10 月的另一天，三位美国政治家聚在贝尔格姆市，商讨一项关于奴隶主利益最大化的问题。这三个人是宾夕法尼亚州的詹姆斯·布克汉姆，弗吉尼亚州的约翰·Y．梅森，路易斯安那州的皮埃尔·塞隆，三人分别是美国负责英国、法国和西班牙事务的部长。这三人商讨的问题是："美国怎样才能得到古巴的领土？"在这个表面问题之下是另外一个问题："怎样才能把奴隶制度扩展到新领地，以增加联邦中蓄奴州的数量，使奴隶主的势力永远高高在上？"

古巴是实行蓄奴制的理想国家，南方那些蔗糖和棉花种植园主们认为应该把它变成美国的一部分。这三位政治家非常满意这个想法，还说，"只要古巴没有进入我们国家疆域线以内，国家既不能安享宁静，也不会有稳固的安全保障。"他们因此致信皮尔斯总统，鼓动他支付西班牙一亿二千万元，买下古巴这块地。但如果西班牙拒绝这笔买卖，怎么办呢？那好说，对它宣战，用武力夺取这块地。

这个主张传出来时，北方人义愤填膺。从公共财政中拿出一亿二千万元，去扩张奴隶制度和奴隶主势力？绝对不行！通过不公正的手段掠夺西班牙的领土，并有可能导致美国卷入与半个欧洲的强国们的战争中？绝对不行！

北方许多先前曾对南方怀有同情心的选民，也站到了自由土地党和废奴主义者的行列中。

在美国参议院中，马萨诸塞州的查理斯·萨姆纳发表态度强烈的演说。他以前从未对奴隶主有过反对言行，现在，他那称为"反对堪萨斯的罪行"的演讲却充满气势与力量，触动了南卡罗来纳和那个州的国会参议员巴特勒的神经，他认为这些罪行该由这个州和这个议员负主要责任。两天后，萨姆纳正坐在办公室椅子上工作，来自南卡罗来纳州的代表普莱斯顿·布鲁克斯疾步穿过走廊，突然出现在萨姆纳面前。

“我把你的演讲稿仔仔细细地读了两遍，”布鲁克斯说，“这是对南卡罗来纳州和巴特勒先生的公然诽谤诬蔑，巴特勒先生是我的亲戚！”

话音未落，布鲁克斯突然举起手杖，狠狠地朝萨姆纳头上打去。手杖打断了，布鲁克斯仍不罢手，用手中的半截木杖继续殴打。萨姆纳竭尽全力自卫，但徒劳无功。他搬动地上的椅子，想躲在它下面，但布鲁克斯把椅子推到一边。尽管受害人已被鲜血蒙住了眼睛，在地上蜷缩成一团，可布鲁克斯仍不停手，继续毫无人性地狂殴受害人。直到他的双手被别人扭住，他才停止殴打。

这次殴打几乎致萨姆纳于死地，这位曾声名显赫、体魄健康的议员在生死线上徘徊了很长时间，尽管此后他又活了许多年，但一直到死，身体都没有复原。如果普莱斯顿·布鲁克斯采用一种光明正大的、勇敢的、男子汉式的方法去报复他所痛恨的事物，北方人毫无疑问会对他充满同情。但现在，他们认为他的行为非常丑恶肮脏而且残忍卑劣。此刻，数以千计曾同情奴隶制的人们，毅然改变立场，转向反对奴隶主势力，并成为奴隶制度的强敌。

18．布坎南当政

1856年5月，在伊利诺伊州的布鲁明顿召开了一次非常有名的会议。这是该州各个反对奴隶制度扩张的党派共同举行的会议，会议的目的在于组建新政党。

亚伯拉罕·林肯参加了会议，他说："让我们结成新的政党，竖起《独立宣言》那样的里程碑。"在那里，他发表了一生中最有力量的演讲——演讲条理清晰、富于说服力、言之确凿，在他的发言过程中，他的每一言、每一字，一次又一次地令在场的听众动容，那些听众"抬腿站到椅子上，不断地高声喝彩，舞动帽子，发言人在他们的头脑和心灵中掀起了多深的波澜啊"。

伊利诺伊州的共和党就这样成立了，成立之初，亚伯拉罕·林肯是公认的领导人。

三个星期后，共和党第一届全国大会在费城召开。加利福尼亚州的约翰·查尔斯·弗里蒙特被提名为共和党的总统候选人，新泽西州的威廉姆·L.代顿为副总统竞选人。在第一次投票提名副总统时，林肯得了一百一十票。当消息传到斯普林菲尔德的亚伯拉罕·林肯耳中时，他以自己特有的幽默打趣道："此林肯非彼林肯，得票的那个也许是马萨诸塞州的某个高贵的林肯先生。"

民主党提名宾夕法尼亚州的詹姆斯·布坎南为总统竞选人，肯塔基州的约翰·C. 布瑞克瑞奇为副总统竞选人。斯蒂芬·A. 道格拉斯曾希望赢得总统竞选人提名，但他得罪的北方旧友太多，以至于民主党大会认为只有提名布坎南先生才是明智的做法，布坎南先生在“堪萨斯—内布拉斯加法案”方面表现得还算可以。

夏天竞选期间，林肯先生尽全力参与，他在伊利诺伊州的重要城镇发表各类演讲。现在他得以自由自在地表达自己的思想，便把全部心思投入这项他曾付出无数心血的事业中。道格拉斯先生在为民主党拉选票的活动中也非常积极。这两位演讲者经常同台发表演说，和在政治领域表现的不同，他们在私人感情上并没有充满火药味。

“二十年前，道格拉斯先生和我初次相识，”林肯说，“那时我们都还年轻气盛——他甚至比我还要年轻一些。那时我们都血气方刚——是的，那时我跟他一样。对我来说，我们之间的赛跑，我失败了——彻底的失败。对他来说，他赢得了辉煌的成就。他的名字举国皆知，连外国人都不陌生。对他取得的出众业绩，我非常感动并且心服口服。他的成就给我压力，但我也乐意分享。如果能站到他所达到的显赫高度上，我甚至会对戴在头顶的最昂贵的王冠不屑一顾。”

然而十年之后，人们才会知道他们二人中谁取得了“辉煌的成就”，谁又是“彻底的失败”。

这次选举，民主党获胜，詹姆斯·布坎南当选美国第十五任总统。共和党虽然没有力量拿下几个州，但赢得的选票已经超出众人意料，展望未来，他们满怀希望。

1857 年 3 月 4 日，布坎南总统举行任职仪式。那时，他说：“准州问题（即准州的奴隶制问题），在根据‘平民主权’原则解决后——这次原则的渊源和自由政府的历史同样悠久——所有的事项都可获得顺利解决。但是，长期以来这个问题所引发的论争，使开国元勋们所担忧的问题——即因奴隶制度而引发的地域性派系问题，能迅速地销声匿迹吗？”

詹姆斯·布坎南

就在布坎南发表演讲时，美国最高法院正着手重新点燃在南北之间旷日持久且不断恶化的分裂火焰。

爱默生是美国军队中的一名军医，是一个名叫德雷德·斯科特的黑奴的主人。他从家乡圣路易斯安那州，把这名黑奴带到了自由州伊利诺伊境内的罗克艾兰[①]，在这里住了一年有余。随即他带奴隶去了北方的明尼苏达州的斯内灵堡，斯科特在这里和爱默生买的女黑奴哈里特结婚。两年后，爱默生医生返回圣路易斯，随行带着他的两个奴隶和他们在斯内灵堡生的孩子。德雷德·斯科特认为，由于主人把他们夫妻带到了自由州，在这片土地的法律下，应该给他们自由身份；他们的孩子出生在自由的土地上，不应该再变成奴隶。

首先接手这个案子的是密苏里州法院，随后移交到美国最高法院。最高法院的九位法官中，有五位来自蓄奴州。在对该案做出最终判决时，七位法官认为，奴隶仅仅是主人的物品，不应该把奴隶视为人；既然奴隶不是人，那么

① 伊利诺伊州西北部的一个县，西隔密西西比河与爱荷华州相望，该县成立于1831年2月9日，县政府成立于1833年。县名源于密西西比河罗克河口附近的一个岛屿。

奴隶家族

美国任何法院都无法提起诉讼。“这是法院所持的观点，”首席法官陶尼写道，“无论德雷德·斯科特本人，还是他家庭中的任何人，在被带到自由土地上时，都不能获得自由；甚至主人把他们带到自由州并成为那里的永久居民，奴隶注定还是奴隶。”

北方人为之震惊。最高法院的判决使奴隶制在全国各州都成为可能。南方奴隶主们可以带着奴隶搬到纽约、缅因州或者北方的其他州，并在这里像在南方那样，永远占有这些奴隶及其子孙，永远奴役束缚他们。

“道格拉斯先生，”人们不禁发问，“你所谓的平民主权原则体现在哪里？你说过，对各州和准州的人民来说，有庄严的权利决定自己是否采用蓄奴制；但现在，无论人们是否愿意，奴隶制却获准可以遍及全国各个角落！”

道格拉斯本人不得不面对最高法院把他的理论变为泡影的行为。他还目睹了密苏里的奴隶主们是多么费尽心机地违背民意想把堪萨斯变成蓄奴州，他下定决心要反对这类措施，于是他向布坎南总统表达了自己的意向。

但布坎南总统说：“我要提醒你，道格拉斯先生，还没有哪个民主党员胆敢违背自己政党的总统，而没有毁掉。你，你自己，肯定记得那个反对杰克逊总统的家伙的下场[1]！”

“好，我也提醒您，总统先生，”道格拉斯回答，“安德鲁·杰克逊已经作古了。”

从那天起，斯蒂芬·A.道格拉斯和他的南方盟友之间的裂缝越来越宽，越来越疏远。

与此同时，堪萨斯地区的麻烦仍在不断上演。“如果堪萨斯废除奴隶制，”一位来自密苏里州的参议员写道，“那么，密苏里州也将取消奴隶制，新墨西哥也将成为自由州，而加利福尼亚还将保持自由州地位。但如果我们确保堪萨

① 安德鲁·杰克逊即“老山胡桃”，经常与对手决斗。布坎南总统对道格拉斯所暗示的那个反对杰克逊的人，大概是曾侮辱杰克逊人格的查尔斯·迪金森，二人持枪决斗。迪金森是田纳西州最有名的神枪手，杰克逊决斗时胸部先挨一枪，但他最终带着重伤杀死了迪金森。

斯为蓄奴州，那么密苏里州就安全了，新墨西哥和加利福尼亚南部——如果不是整个加利福尼亚的话，将成为蓄奴州。一言以蔽之，整个南方的盛衰荣枯，皆取决于争取堪萨斯的斗争。”

我们难以想象，那些热爱和平、遵守法律的普通密苏里人，会一时忘却自己作为一国公民而应尽的基本义务，鲁莽地卷入这场战争。

这场争斗声势浩大，使得堪萨斯所有人都岌岌可危。这样的情景并不鲜见：两个人在马路上相遇，手里都握着枪；他们打的第一声招呼是“自由州，还是支持奴隶制？”如果对对方的回答不满意，那么发出的第二个声音就是枪响。劳伦斯镇周边地区，农民下地干活儿都要全副武装、结伴而行。

连选举也都像是闹剧。尽管众所周知，准州地区四分之三的定居者确实是自由州民，但他们的投票却统计为零。奴隶制度支持者们在莱康普顿召开会议制定宪法，旨在另行成立州立法机构并再次请求加入联邦。会议主席是伊利诺伊州的约翰·卡霍恩——就是那个二十年前使林肯成为测量员的卡霍恩。在只有四十三个选民的地区，他得到近四百张支持奴隶制度的选票，他的大名由此而为世人所知。由于担心自己会被迫把投票箱给国会委员会看，他把选票藏进一个放蜡烛的箱子里，因而以“蜡烛箱子卡霍恩”而在史上留名。

“莱康普顿宪法”完全是按奴隶主的意愿产生的，他们还向国会致函，请求允许堪萨斯以蓄奴州身份加入联邦。布坎南总统对此给予大力支持；但参议员道格拉斯和他的盟友们极力反对。民主党内的裂痕越来越宽。“如果堪萨斯想要个蓄奴制宪法，”道格拉斯说，“她有这个权利。如果她想要个自由制宪法，她也有权利。奴隶制度走哪条路与我无关。”然而他又进一步论证“莱康普顿宪法”并不符合人们的愿望，如果堪萨斯的选举是公平公正的，那么这个宪法肯定会被否决。

国会最后允许堪萨斯加入联邦，并提议倘若人们能公平公正的选举，应承认“莱康普顿宪法”和蓄奴制。为了吸引那些举棋不定的人，国会许诺奉送这个新州大片土地。

这期间，在堪萨斯，蓄奴州人们的热情开始消退了。那些来自密苏里州的人民主权论者厌倦了战争，已返回家乡。来自自由州的人们已获得立法控制权。人们投票选择堪萨斯是按照“莱康普顿宪法”的规定加入联邦，还是继续保持准州身份。

这次投票发生在1858年1月。有10388人投票，仅有162人支持“莱康普顿宪法”。堪萨斯继续保持准州身份；最大的争斗已结束了。三年后她成为联邦的一个州，奴隶主的势力那时早已走到穷途末路了。

美国国会大厦

19.南北之间的疏离

不要想当然地认为南方人天生想不公正地对待他们的北方同胞，也不要盲目认定他们不爱国。不能想当然地想象所有的好人都站在自由制这一边，所有的坏人都在奴隶制那一边。

南方人和北方人的爱国主义有区别。“州政府利益至上”的教条在北方早已销声匿迹，而此时仍在南方横行。在国家成立之时，此种教条相当普遍，托马斯·杰斐逊是其开山宗师，而约翰·C.卡霍恩是最后的卫道士。根据这种教条，美国不是一个完整伟大的国家，而是许多国家的联盟。忠诚，首先要归诸于州，其次是地域（南北），最后才是美国联邦政府。举例来讲，密西西比州的人，会因作为“美国人”而自豪，但他们会更为作为“南方人”而自豪，而“密西西比人”才是他们最至高无上的身份。对一个人所隶属的州的热爱——这是种不为北方所知的感情——衍生出对地域之热爱。南方各州许多相似之处——相同的政治信仰；相似的各类产品；全然相同的生活和思考方式——使南方人热爱南方，并引以为豪。

与这些密切相依相关的一个理念是，南方应该在国会中保持和北方数量相同的代表人。如我们所知，这个理念在建国之初就存在，那时国家由七个北方州和六个南方州组成。南北两方始终保持大抵相同的力量，直至加利福尼亚州加入联邦，北方开始占据优势。即使在那时，仍有许多北方人对南方抱有同情心，认为南方没有日渐嫉恨北方，彼此没有误解对方，南方能保持现状很长时间。地域间关于奴隶制度引发的彼此嫉恨比任何感情都要强烈，这嫉恨还点燃了不和之火，并给联邦的安定带来了威胁。

双方之间缺少沟通交流，每一方的人都对另一方有非常陌生古怪的看法。南方人普遍认为相当多的北方人唯一的事务就是想方设法破坏奴隶制度，以及削减南方人的财富，使之陷入贫困。南方人还认为，废奴主义者们总是积极地密谋如何煽动奴隶造反，把灾难和毁灭带给每一个南方家庭。因此，奴隶主势力在扩大蓄奴制的界限时，或者迫使北方人遣返流亡奴隶时，南方人都心满意足地大声欢呼，认为这朝着安全又迈进了一步。

南方人还认为，北方人的目的就是以各种手段向南方人施加暴政。他们针对那项旨在保护北方制造业的关税法，课税即是“把税款的主要负担强加在作为消费者而非生产者的南方人头上”。这些税款大部分被国会以各种方式支付给了北方。他们指出，这些做法使得大量居民被北方吸引，从南方迁移到北方。北方持续的繁荣富强建立在南方利益受损的基础上，而南方正陷入难以自保的困境中。

鉴于近期的政治纷争，他们呼吁，“密苏里妥协案”是北方对南方的公然侵犯，剥夺了南方“平等地共享对双方都平等的领土的权利”。他们认为，这项妥协案事实上已经于1850年废止了，那一年北方把原本属于南方的加利福尼亚变成了一个自由州。“堪萨斯—内布拉斯加法案”的宗旨并非把奴隶制度置于各个州和准州之中，而是赋予人们“在不违反美国联邦宪法的前提下，按自己的方法成立和管理本地机构的完全自由”。他们指出，堪萨斯问题，是北方各州“阻挠自由迁移、阻碍根据自然气候和居民利益作出的决定”，并以此决定奴隶制是否可取的必然结果。“北方人已经首先掀起了纷争，”杰斐逊·戴维斯说，“北方政客的战斗口号是‘禁止奴隶制扩张’，其意图无非是煽动那些缺乏辨识力的脑袋作乱，并鼓动起人们对南方的仇恨。”

正是这些凭空捏造的或捕风捉影的委屈不平，填满了忠实的南方人忧惧而恐慌的内心。他们对南方的热爱之情如火如荼，致使他们开始视这个国家为水火不容的两部分组成，还认为北边那部分的主要目的必然是想控制南方。

在北方人心中，没有特别强烈的对“北方”这一地域的偏爱。但相当多的北方人开始看到，这个国家有两股相对的力量，即支持奴隶制度者和废奴主义者，支持奴隶制度者的首要目标就是想在一切事务中都占据主导地位。

南方有好人，北方也有好人。南北双方的人民都愿意为自己的家乡做任何事，不过，这不包括以非法或者不公正的手段谋取个人私利或者实现个人的野心。

奴隶主在南方人中所占的比例其实是很小的[①]。大多数南方人，直到被奴隶主政客们鼓动前，并不关心奴隶制是否应对外扩张这个问题。那些素质较高、品性正直的人们会因南北双方之间太多的冲突而遗憾。无论北方还是南方，所有人都在自己所理解的角度上，是忠贞的爱国者。一些人为了永远地平息南北问题而做出了巨大的牺牲。弗吉尼亚州的罗伯特·E. 李将军[②]曾说：“如果美国南方的全部奴隶都归我所有，只要能保全联邦，我会欣然让他们全部获得自由。”

① 拥有奴隶的人约占南方总人口的5%。

② 罗伯特·E. 李（1807—1870），美国军事家。

20. 林肯和道格拉斯

斯蒂芬·A. 道格拉斯在美国参议院的任期已接近尾声，新一届议会即将在伊利诺伊州选出继任者。他是重返参议院，还是被另一个人取代职位呢？

道格拉斯先生的目光瞄向了取缔“莱康普顿宪法”，之前，他已经保全了堪萨斯，没让它变成联邦的一个蓄奴州，这使他在民主党内树下不少强敌。布坎南总统公开威胁他，并运用自己的影响力打击他。伊利诺伊州所有服从上级的民主党人都将会反对他。当然，也有数千人一直信服道格拉斯，可以不在乎民主党领袖们的态度而一心一意支持他，这些人自称为“反对莱康普顿宪法的民主党”，他们还举行会议，提名并支持道格拉斯竞选议员。

道格拉斯因其与总统的矛盾和分裂民主党的行为，意外地赢得了其他各州共和党人的认可。他们建议伊利诺伊州的共和党人不要再推出自己的候选人，而直接和“反对莱康普顿宪法的民主党”一起支持道格拉斯。但是，伊利诺伊州的共和党人对道格拉斯太知根知底了[①]——“堪萨斯—内布拉斯加法案”难道不是道格拉斯提出的吗？与堪

① 《芝加哥论坛报》1858年曾发表消息，有许多共和党人说：“我们不会支持道格拉斯，我们了解道格拉斯，我们同他斗了多年，现在我们打算在这次竞选中收拾他。”

萨斯有关的一切问题不都是那个法案造成的吗？“莱康普顿宪法”不也是从那个法案中滋生出来的吗？他们说：“斯蒂芬·A.道格拉斯根本不值得信任：今天他还极力支持的事，明天他会极力反对。除了这些，他在各方面也都是民主党！”

史蒂芬·A.道格拉斯

他们宣布，亚伯拉罕·林肯是他们“最好的也是唯一的国会参议员人选，最适合去坐道格拉斯先生任期结束后腾出的空椅子”。他们竭尽全力地选择出一位能实现他们意愿的议员。

林肯先生在这次竞选中发表了首场最为重要的演讲。在公开演讲前夕，他在位于斯普林菲尔德的州议会图书馆将演讲稿读给几位好友听，开篇第一段就让他的听众惊讶——

“执行那项有着明确目标且信誓旦旦的政策到今年，已经五年了。这项政策旨在结束由于奴隶制问题而引发的各种纷争，可是在运作过程中，纷争非但没有停止，反而愈演愈甚。在我看来，动荡仍然不会停止，除非危机突然临头或危机已然过去。‘分裂之家，难以持久’[①]。我相信这个政府不可能永远保持半奴隶和半自由的状态。我不愿联邦四分五裂——也不愿房子轰然倒坍——但我期望它能停止分裂。它将完全成为这个东西，也有可能完全成为另一个东西。”

朋友们为他的发言惊呆了。

“你们对此有什么意见？”他逐一询问。

① 林肯此语的原文为“A house divided against itself can not stand”，概由《新约·马太福音》3：25改编而来，原文是“若一国自相分争，那国就站立不住”(If a kingdom be divided against itself，that kingdom can not stand)。

结果没有人同意他的比喻。

“这个发言简直愚蠢透顶。”一个人回答。

“你说的一点儿没错，”另一个人说，“可人们不愿意听这些。”

“你要是在公众前讲这些，”第三个人说，“那会葬送掉你的选举前程的。”

林肯先生静静地倾听着所有的评论和意见，然后，他平静从容地从坐椅上站起身，脸上带着近年来鲜见的表情，这种表情只有在普通人无法理解他的核心观点时才出现。

“先生们，”他说，“就这个问题，我已经思考得够多了。这个主张是正确的。‘分裂之家，难以持久’，我们该好好讨论这个真理了。如果上天注定我会因为这个演讲而失败，那么，就让我以失败来联通真理吧，让我为宣传何为公正、何为正确而死吧。”

次日，他对一大批群情踊跃的听众发表了这个演说，条理清晰得如同在纸上写过。在结束时分，他总结道：“结果毋庸置疑，我们不会失败。如果我们态度坚定，力量坚强，我们不应该失败。决策果断正确，那一天会提前到来；决策错误，那一天会推迟而来；但终有一日，我们的胜利会确定无疑地到来！”

正如朋友们之前警告他的，人们不愿意听这些大白话。他们知道国家分裂、自相矛盾，但他们认为即使分成两部分，国家仍然会保持现状并长期存续；他们还痛恨那些引起国家分裂的主意，这些主意被消灭殆尽，和平才会到来。

“林肯先生，你犯了个严重的错误！”一个听众痛心地说。

“有一天你会想明白，这个‘错误’其实是我迄今为止说过的话中最为明智的，”林肯对他说，“会有那一天的。”

21. 友好辩论

各个政党的注意力都投入到伊利诺伊州上演的竞选活动中。林肯向道格拉斯发出挑战书，提出就有关问题进行公开辩论的建议。道格拉斯接受挑战，二人在这个州的不同地方举行了七次同台对垒，全州都极为关注。

这一系列辩论在美国历史上是空前绝后的。其中一场辩论的时间地点确定时，人们由周边各个地区赶来，密密麻麻地簇拥着等待辩论开始。农民抛开地里成熟的庄稼，商人锁上店铺的门，店主则锁上货栈。长达几英里的路上，接踵摩肩地拥挤着步行的人、骑马的人和乘车前来的人。他们还一同带来在大草原上长途跋涉时必需的供给和帐篷。现场还飘扬着数不清的旗帜，聚集着数不清的军乐队，篝火燃烧，列队游行，欢呼鹊起，喧声震天。每个人心中最为期盼的，是亲闻这两位著名的领袖人物会说些什么。

首场辩论，有两万名热心听众亲临现场。道格拉斯先生在他众多好友的簇拥下乘火车前来，那列小火车被彩旗装饰得花枝招展；而林肯先生独自前往，毫无张扬炫耀。有四次辩论是道格拉斯先生宣布开场和结束，另三次由林肯决定起始。

“最令我高兴的是，”道格拉斯说，“在长达四分之一个世纪的时间内，我有一位交往密切的朋友，现在，这位尊贵的先生被提名竞选我目前的职位。我一直认为这位先生是一位善良、温和而充满智慧的绅士——他是一位优秀的公民，是位值得尊敬的对手。无论我何时与他就某些问题争辩，我们每次只是针对原则而不是针对人身。”

林肯

因此，两位绅士之间的辩论，整个过程不乏友善与礼貌，每个人都认为自己所说的是正确而公正的。也许永远也不会有比这样的辩论更势均力敌的公平竞赛了，两人在同一时间以迥然不同的个人魅力令人们着迷。

那年林肯四十九岁，道格拉斯年轻三岁。林肯高大而容貌消瘦，大大的脑袋，匆匆刮过的脸，粗浓凌乱的眉毛，带着忧伤的脸上布满皱纹。道格拉斯身形矮小，头上覆盖着闪着微光的头发，脸上洋溢着智慧的灵光，浑身富于力量，眼眸中透着睿智，整个人看上去标准得体，英俊潇洒，独具魅力。

演讲中，林肯使用的是普通人都能听懂的平实、简洁而准确的语言，他的思想在每一言每一语中流淌，他的话语不多，没有滔滔大论，但恰到好处地表达出自己的思想。道格拉斯先生则文藻华丽，他不是吝言之人，也从不犹豫含糊，总能狡猾地偷换概念，以自己特有的方式驱使听众信任他。

整个国家的人们都知道了他们的名字，林肯是斯普林菲尔德的“老亚伯”、“忠实的亚伯”；道格拉斯则是“西部的小巨人”。

林肯和史蒂芬·A.道格拉斯雕像

在此，我们没必要完全重复那些辩论都说了些什么。辩论的主题是奴隶制是否必要，而中心议题是奴隶制的扩张。伊利诺伊州的共和党人不是废奴主义者，他们会嘲笑对那些想给南方黑人以自由的主张，但考虑整个国家的和平和安全，他们全力谋求的目标是把奴隶制度限制在它已经存在的区域内。

道格拉斯声称，民主党员遍及全国各个地区，所以它具有全国性；而"黑色共和党"——这是他给对手起的绰号——却是地区性的，其宗旨原则不会获准进入南方地区。林肯这样回敬他："那么，照你这么说，奴隶制度是全国性的，而自由制是地区性的吗？或者说，在那些人们不赞同你的观点的地方，你的言论能算是经过检验的真理之声吗？"

林肯引用了"独立宣言"所倡导的"人人生而平等"那一段。道格拉斯说，"这个宣言的签署者们并不代表黑人，也不代表其他任何劣等人种和低级种族！""人"的本意是"欧洲出生和具有欧洲血统的白人"。林肯回答，签署宣言的人们，其本意是包括所有的人平等，无论白人、黑人，"但他们并不意味着所有的人要在各个方面——肤色、身高、知识、道德水平、社会能力——的绝对平等"，而是指"确定的不可剥夺的权利"方面——生命、自由和追求幸福。

道格拉斯称，他反对那些废奴主义者，因为这些人的意图无非是想挑起人们对南方的仇恨之心。林肯说，自己所关心的只是奴隶制度问题，他对南方那些拥有奴隶的男女奴隶主们既没有恶意也没有偏见。"如果我们站到他们的立场上，会觉得他们并没有错。如果他们那里现在不存在奴隶制度，他们不会引进奴隶制，如果我们现在存在奴隶制度，我们也不会立即放弃它。"

道格拉斯一再坚持他的"人民主权论"原则，即"每一个准州的选民都有权利决定是否允许奴隶制度存在"。林肯反驳说，德雷德·斯科特一案已经宣告，奴隶制度已经出现在准州地区，这也意味着奴隶制可以任意进入任何一个州而不必经过当地选民同意。

这次辩论吸引了全国的关注。不久，人们很直观地发现，林肯要略胜道格拉斯一筹。早在最后一场辩论还没开始时，道格拉斯本人也意识到了自己的薄弱。他情绪逐渐有些失控，易暴易怒，焦躁不安，言辞含糊，对即将临头的失败充满恐惧。林肯也意识到自己胜利在望，他一如既往地平和从容，辩论有力，态度温文尔雅，言谈自始至终清晰透彻。

选举结果显示，共和党人比民主党多得了四千张选票，但由于选区划分的原因，道格拉斯在州议会的票数占多数。尽管在辩论中失败了，但道格拉斯仍将重返国会参议院。

这个结果令林肯非常失望，成为国会参议员是他长久以来的梦想。尤其是在经历一场激烈的竞争后，如此败下阵来，这样的结果深深刺痛了他。

“林肯，”一位好友在选举结束后问他，“败给小巨人，你有什么感受？”

“我觉得，”林肯回答，“我觉得自己此时非常像一个长大的孩子踢着了脚趾头。”

“什么意思？”

“唉，当别人问他此时什么感觉时，他说，他因太痛太痛而不能笑，又因自己已经长大而不能哭。”

但林肯在这场竞争中所收获的，超出了所有人的想象。北方所有的报纸都印发了他们的辩论内容，从缅因州到加利福尼亚，人们都在谈论此事。迄今为止，亚伯拉罕·林肯的名字不但在伊利诺伊州妇孺皆知，在整个国家也赫赫有名了。他为自己走向总统之职迈出了第一步。“1860年的竞选要比这次重要一百倍。”他曾说。无论林肯作何评论，都是真诚的。

22. 疯狂的约翰·布朗

在很早就抵达堪萨斯的北方迁居者中，有个上了年纪的顽固的反对奴隶制度的煽动家，名叫约翰·布朗。他整整一生都痛恨奴隶制度，基本是南方人提及“废奴主义者”时在脑海中勾勒的那个样子。他总是盼着去承受种种困难，去做任何可以打击奴隶制度的事，他已有二十年时间沉浸在能给南方黑人以自由的梦想中。

他带着五个和他一样坚定无畏的儿子，在奥斯沃托米附近定居，并随即成为自由州迁来的居民的领袖。五个支持奴隶制度的人在掠夺劳伦斯镇之后不久，被一伙不明身份的北方人残忍地杀死。据称——先不考虑公正与否——这伙人中有布朗一家，因此，布朗的两个儿子被南方人抓走了。布朗家的长子被一队联邦骑兵倒背双手捆绑着，徒步驱赶着飞奔跨越大草原，骄阳酷烈地曝晒在他的光头之上，结果，没等走到路的尽头，他就精神失常了。布朗家另一个儿子中途遭人伏击，血淋淋的尸体被扔到他父亲小屋的门前。

没有人知道，老约翰·布朗在经历这些悲惨可怖的事以后，精神受到了多重的打击。人们只知道，几年之后，老布朗决定去干一件只有精神病人或者疯子才想得出的事。他反复思量后认为，自己是上帝挑选出来的摧毁奴隶制度的工具。在他看来，唯一能干的事就是武装打击奴隶主。因此他制订了一项伟大的计划，他要侵袭南方，策动黑奴起义，捣毁种植园，直至最后让所有的奴隶都获得自由。这个老人傻得以为所有的黑奴都会乐意助他一臂之力。

约翰·布朗领着包括六个黑人在内的十八人的队伍，在弗吉尼亚州的哈珀斯渡口越过波托马可河，突袭了那里的一个联邦兵工厂。他抓住了一个奴隶主，还抢走了兵工厂中的军火。当地人集结起来抵御他，把入侵者团团围住。有几个入侵者被杀死，其余的被迫退避到机房里。这个消息在全国范围内电传，联邦军队将领罗伯特·E. 李率部全副武装、急匆匆由华盛顿出发。二十四小时后，这场暴乱被平息了。

约翰·布朗挥起大刀奋力砍刺，但他和五个同伴都成了阶下囚。他手下的人另有四人逃脱，其他的激战而死[①]。

弗吉尼亚州法院迅速审判这几名囚犯。尽管来自马萨诸塞州的律师为他们机智辩护，但约翰·布朗带人武装入侵弗吉尼亚州，抢夺公共财物，还造成该州五人死亡，法院很快对他们作出处理，判处他们死刑。

无论约翰·布朗是疯狂还是正义，他在监狱中的表现相当英勇。每个痛恨他的人，又都佩服他的勇气。“我何时死，以什么方式死，我会听天由命，”他说，“因为我坚信，我用自己的鲜血在上帝和世人面前所做的见证，在不远的将来注定会有更大的影响，远远超过我所做的，也远远超过我平生做过的任何事。”[②]

“你怎么证明你所做的一切是合法的？”弗吉尼亚州的参议员梅森问。

“我秉承这样的箴言，”老人回答，“‘你希望别人怎样对你，你就先怎么对别人’，它适用于一切想帮助他人获得自由的人。被压迫者的悲啼是推动我走到这里来的动力……

① 这其中包括布朗的其他几个儿子。布朗在身受重伤被俘时，还镇定地站在一个死去的儿子身边，一只手紧握另一个即将死去的儿子的手，一只手还在拿枪向敌人射击。

② 约翰·布朗于1859年12月2日被处死。他留下了遗言：“我，约翰·布朗，现在坚信只有用鲜血才能洗清这个有罪国土的罪恶。过去我以为也许不用流很多的血就可以洗清它的罪恶，正如我现在仍旧痴心妄想的一样。”1949年12月2日，联合国大会通过了《禁止贩卖人口及取缔意图牟利使人卖淫的公约》。1986年，为纪念这个公约的签订，也为了纪念约翰·布朗，联合国大会将每年的12月2日定为“废除奴隶制国际日”，又称“废除一切形式奴役世界日”。

我还想说，你们——所有的南方人——你们最好快点解决掉奴隶制问题，否则它即将招来麻烦让你们手忙脚乱，应接不暇。”

弗吉尼亚州长威斯，曾是由里奇蒙提拔起来的弗吉尼亚民兵，他被布朗的精神打动了。“他是真正的男子汉，”这位官员评价说，“他有清晰的头脑，勇敢坚定，坚忍不拔，他无比忠于自己的高尚气节，我为之感动。”

废奴主义者的伟大领袖温德尔·菲利浦评价布朗说：“他废除了奴隶制。”

詹姆斯·拉塞尔·洛威尔的诗，似为他所作——

真理始终站在绞刑架前，
邪恶总能登上王位宝座；
但绞架总能震撼未来，
在那未知的暗影后边，
上帝巍然屹立，目光如炬，
俯瞰他所创造的一切。

詹姆斯·拉塞尔·洛威尔

南方人为之惊慌了。他们不知道——他们也不会相信——约翰·布朗是那次给他招致杀身之祸的事件的唯一鼓动者。他们猜测，他在整个北方地区一定有大批同谋，废奴主义者们的其他组织也正蓄谋“磨刀霍霍”地准备武装入侵蓄奴州。我们可以想象他们那时的感觉，就像我们自己遭受到一队武装分子的侵袭，这些入侵者无所畏惧地扫除一切障碍，而且还有其他人正密谋着要加入他们的行列。

民兵武装起来了。南方发出布告征募志愿者以防御北方侵略者。前总统泰勒在种植园中写道：“弗吉尼亚正全副武装起来，已分派五万多名坚定的战士驻守。然而国家弥漫着一种困惑：留在联邦内，还是分离出来。”

一些反对奴隶制的北方知名人士对约翰·布朗表示出同情，这更加增长了南方人的恐慌。但一些头脑冷静的共和党人拒绝就此事表态，他们并不想指责布朗，还谴责所有以不法方式干涉奴隶制度的行为。

那时，共和党领导人威廉姆·希沃德声称，“哈珀斯渡口突袭”行动，“是一起叛国行为，是非法行为，因为它既损害了国内和平，又破坏了人们的幸福生活、危害了生命”。

亚伯拉罕·林肯拿这件事和“历史上众多的刺杀君王事件”作比较，认为它不过是类似小规模的暗杀行为的扩大化。

与此同时，斯蒂芬·A. 道格拉斯这么解释：“‘哈珀斯渡口突袭’性质严重且早有预谋，它发生得非常自然、也符合逻辑，它是共和党那些教条和教导所导致的必然结果。”杰斐逊·戴维斯则宣称这起“由一伙嗜杀的废奴主义者们操纵的侵略”，是威廉姆·希沃德近期演讲的必然结果，因为他那些演讲断言自由州和蓄奴州之间已经存在“镇压不住的冲突”。

约翰·布朗的疯狂行为对正在迅速走向末日的奴隶制究竟有何影响，谁也说不清。但确定无疑的是，它激起了南方人前所未有的激情；它给政客们提供了煽动缺乏理智的南方人痛恨北方的借口；它还在南方人的冤屈书上又添上了重重的一笔，使南方各州更有理由脱离联邦。

杰斐逊·戴维斯

23. 在库珀学会的演说

“哈珀斯渡口突袭”事件结束大约两个月后，林肯先生应邀访问了东部各州，并就那些让所有智者们头痛的问题发表了一些演讲。他最初的也是最著名的演讲是在纽约市库珀学会的礼堂进行的。

林肯以来自西部原野驳倒了伊利诺伊州的“小巨人”的“亚伯·林肯”而知名。人们想听听这个人要说些什么，他们非常好奇这个来自西部想对他们说些人们早就知道的东西的家伙，会是个什么样的人。许多学者、政治家和评论家出席了那次会议，他们对一切都兴趣不大，除了想那些荒诞故事、下流笑话和演说者的粗口。绝大多数听众聚到这里来，不过是想看看“婆罗洲[1]的野人”长什么样，顺便听他侃侃哲学。

到时间了，诗人威廉姆·卡兰·布赖恩特从平台中的椅子上站起来，向观众介绍演讲人。下面这段精彩的描述，是当时一位在场观众写下的：

“他长得很高，很高——噢，实在是太高了，还是我所见过的人中最瘦最丑陋的，这么说时，他的笨拙丑陋令

[1] 婆罗洲，加里曼丹的旧称，位于太平洋，属马来群岛。

林肯自认为拍摄最满意的照片（乔治·伊斯曼拍摄）

人遗憾。衣服是黑色的，相当不合体，还皱皱巴巴的——好像之前被胡乱地塞到一个小箱子里了。脑袋样子傻傻的，僵硬的头发却又梳到后面，又长又歪地维持着头部平衡。当他伸开手臂打手势时，我才发现他的手也大得出奇。他开始演讲时压低着声音，就像是一个习惯了露天演讲的人怕在这里声音太大吓着别人似的。他说'伙计们'，而不是'先生们'，似乎乐于使用那些过了时的词语。我不禁对自己说，'我的天哪！老朋友，这在荒凉的西方是可以的，但在纽约却行不通……'

"可是，不一会儿，他就进入主题，脸上溢出了一层夺目的光彩，这是他内在的火焰释放出来的，他整个人开始变得美好。我忘了他的衣服，他的不修边幅，他的怪异，

圣保罗

不由自主地站起来，欢呼着，鼓着掌，就像疯狂的印第安人一样。当他讲到最后一段时，大厅里鸦雀无声，静得能听到空气的流动声。当他讲到高潮时，大厅里顿时掌声雷动。这实在是太神奇了！

“真是场精彩的演讲。当我走出大厅时，我的脸上带着兴奋，激动得颤抖。一个双眼兴奋得发光的朋友问我对亚伯拉罕·林肯有何感想。我说‘他是自圣保罗①以来最伟大的人’，我确实是这么认为的。”

在库珀学会的这次演讲，事实上也的确是美国各地所听过的最伟大的一次演讲。它让所有的听众为之震惊，又为之叹服。那些在文明的东部接受过高等教育的人，那些在国会大厅雄辩发言的人，都没有能力发表如此学术、如此冷静、如此威严又如此令人信服的演讲。它简明扼要，但又淋漓尽致地表达出了所有要说的。它评点了准州地区的奴隶制度问题，它反对奴隶制扩张的态度如此坚决，根本不会有谁能予以回击。林肯说：“让我们坚信正义就是力量！让我们怀着这个信念，勇敢地把我们义不容辞的责任履行到底！”

次日，纽约所有的报纸都印发了这次演讲稿，林肯先生赢得了东部地区那些最有思想的人们的尊敬。分离时刻，他们对他说：“忠于自己的原则，我们忠于你，上帝与我们同在！”

林肯回答：“我表示衷心感谢！衷心感谢！”

① 圣保罗（3年？—67年？），原名扫罗，犹太人，早年参与迫害基督，后来悔改转而信奉基督，并改名为保罗。天主教教廷将他封圣，提到他时常称“圣保罗”；在基督新教中则通常称他为“使徒保罗”。他把基督思想传至小亚细亚、希腊、意大利等地，在外邦人中建立了许多教会，是公认的对早期教会发展贡献最大的使徒。

第三部分 业绩

“我们不是敌人，而是朋友。我们不能是敌人。尽管激动的情绪绷紧了我们之间感情的纽带，但这纽带决不会断裂。那一根根不可思议的记忆之弦，在这片辽阔的土地上，从每一个战场、每一个爱国志士的墓碑，延伸到每一颗跳动的心和每一个家庭，它终有一天会被我们的良知所触动，再次奏出一曲联邦交响曲。”

1.“亚伯拉罕·林肯，劈栅栏木条的竞选者”

1860年5月10日，伊利诺伊州共和党人在德凯特县召开会议，会堂中坐满了来自全州各个地区的代表和热心党员。伊利诺伊州长担任会议主席。“先生们，”他说，“在我们座席间有位非常卓越的优秀公民，他为整个州带来了荣誉。我很荣幸地邀请他到讲台前来发言。”

在雷鸣般的掌声中，一个身材高大、身着不合体的黑色外衣的人，走过拥挤的人群，走过代表们高举的手臂，站到讲台前。这正是亚伯拉罕·林肯。当他再次在会场站起时，在场的每个人都站起来高声欢呼，欢呼之后仍是欢呼，欢呼声与暴风雨般的掌声经久不息。最后，喧闹中传来州长微弱的声音：

“先生们，我刚刚得到一个消息，有位老民主党员在会堂外面等待，他非常希望能参加这次会议。”

“让他进来，快让他进来！”代表们大喊。

靠近讲台的门打开了，一位上了年纪的伊利诺伊农民走了进来，他满脸皱纹，皮肤黝黑，须发半白。这正是约翰·汉克斯——就是三十年前劝说托马斯·林肯搬到伊利诺伊州的那个约翰·汉克斯。他的肩上扛着两根风雨剥蚀的栅栏桩杆，每个杆上拴着一面小旗，小旗上写着：

亚伯拉罕·林肯
劈栅栏木条的竞选者
1860年总统竞选

这两根栅栏木条，是约翰·汉克斯和亚伯·林肯于1830年制作的3000根桩杆中的两根

随后的情景简直难以描述。整个会堂群情鼎沸，与会代表们长时间地高声欢呼，手舞足蹈，挥动帽子，兴奋得忘形。许久以后他们才从极度的兴奋中安静下来，林肯先生略带羞涩地开口说：

“我觉得应该对此说点儿什么，我不敢说这两根栅栏木条是不是当年亲自砍下的，但我可以肯定，这样的活儿我干了不少，并且还都干得不错。”

于是，在开口讲任何政治问题前，他对自己年轻时初来伊利诺伊州的时光做了简要回顾，提到他帮助父亲建木屋，还有早年种玉米的经历。

林肯

与会代表知道了林肯不但会劈栅栏条，而且他简直无所不会，无所不能。他们决定把林肯先生作为伊利诺伊州推出的总统候选人。

2. 芝加哥选举

一周之后，共和党全国大会在芝加哥召开，会场设在一个名叫“威格沃姆”的大楼内。这个只有十万人口的城市，一下子来了两万五千个外地人。代表们来自各个自由州，以及蓄奴的特拉华州、马里兰州、弗吉尼亚州，还有肯塔基州和密苏里州。

这次会议的主旨主要是：

“准州应是自由的。

“全国之内，在奴隶制不存在的地方，立法权不得用以助长奴隶制度。

“应尽快批准堪萨斯以自由州身份加入联邦。

“公开买卖奴隶是违反人道主义的犯罪行为。”

这次会议最主要的任务是选出一名代表，角逐美国总统。会场上有不少人希望自己被提名，这些人也有足够的人脉资源促成自己的提名。

这些人中，最主要的是纽约州的威廉姆·H. 塞华德。他是共和党卓有学识的领袖，早就在全国最大的州当州长，当选美国国会参议员已近十二年。他借助得天独厚的先天条件和后天磨砺，成为众人的领袖，是东部各州财富和文明的象征。

密苏里州的爱德华·贝茨，是位优秀的律师和自由劳动之友，得到东部地区几位有影响力的人的青睐。他还将得到南方的一些选票。如果共和党提名这位南方人，就不会因地域性而遭人攻击。

宾夕法尼亚的部分代表提名西蒙·卡梅伦，这是位精明的政治家，胆大勇敢，但他在过分同情南方人方面做得不对。

俄亥俄州的代表提名萨门·蔡斯，他毕生反对奴隶制，也是自由党的前领导人。此人家世显赫，在西部代表中相当有教养和文化。他那时候已担任美国参议院议员，还两次当选俄亥俄州州长。

伊利诺伊州的代表则提名亚伯拉罕·林肯。

当时全国都认为，这次会议将选出塞华德。他的盟友们千方百计地促成他被提名，他们在大街上挥舞着旗帜、伴着军乐队的鸣奏游行，并一路高喊"为塞华德喝彩！"他们还雇人站到"威格沃姆"的每一个角落，不间断地喊着塞华德的名字，以引起众人的注意。在宾馆中，在街角处，这些人似乎占据了绝对优势。

第三天开始选举，场面极为热烈。每个候选人被提名时，盟友们的鼓掌声都会响彻整个大楼。当说到亚伯拉罕·林肯的名字时，一位伊利诺伊州代表激动地站到主席台上，兴奋地舞动白手绢。这时，威格沃姆大楼的各个角落开始欢呼，这情景在芝加哥前所未有。几千名男人也加入欢呼者行列，而几千名女人则挥舞着手绢，鼓掌相庆。这些人原来都是"劈栅栏木条"的友人，他们的欢呼一点儿不亚于塞华德花钱雇来的那些叫喊者。

首轮投票显示，候选人之争只在塞华德和林肯二人之间，其他人都不够格。塞华德得到 173.5 张选票，林肯得到 102 张，其他的 189.5 张选票分散给其他多位候选人。由于代表人数为 465 人，获胜的候选人至少需得到 233 张选票，即超过总数的一半才行。

第二轮投票开始了。这次塞华德得到 11 张选票，而林肯获得 79 张。白手绢再次在会堂大厅上飘舞，会场再次响起雷鸣般的掌声，这是代表们本能的、通常的反应。塞华德的盟友们开始失去信心了。

第三轮投票，林肯获得了 231.5 张选票。俄亥俄州代表们的领导人跳起来，大喊道："俄亥俄把给蔡斯的 4 张选票改投给林肯！"投票问题

林肯

得以解决，会场上又有些新的变化，等到唱票时刻，林肯得到选票已达254张。

如果说代表们刚才是兴奋狂热，那么此时他们的激越已经无法抑制了。“那样的会场情景，”一位亲临现场者说，“前所未有，闻所未闻。就算是大群的野牛和雄狮，都发不出那样的轰鸣声。”“为老亚伯喝彩！”“为劈栅栏者喝彩！”“为林肯喝彩！”欢呼声此起彼伏，几千人的喝彩声表明，人们都满意选出一位如此富于魅力并拥有坚强力量的人作为共和党的候选人角逐总统之职。

林肯坐在《斯普林菲尔德期刊》凌乱不堪且弥漫着印油气味的办公室内，椅子背靠着墙，仿佛不安又仿佛轻松，仿佛焦虑又仿佛沉静。两三个律师在那里猜测着芝加哥的事态进展，期刊的编辑斜靠在椅子上，几个流浪汉躺卧在屋门口。

这时，送信人举着信从电报局一路跑来。林肯沉默地把电文读完，然后把它递给编辑朋友。那实在是人们衷心祝贺的时刻！消息传出后，人们都聚拢起来，而大街上还传来“为忠诚的亚伯喝彩！”的欢庆声。

“在大街拐角的地方，住着个小妇人，”林肯说，“她要听说了这个消息肯定会很高兴。我觉得现在应该回家告诉她一声。”

3．查尔斯顿之叛

现在我们先回头看看三个星期以前发生的事。

4 月 23 日，民主党在南卡罗来纳州的查尔斯顿举行了全国代表大会，与会代表来自联邦各州。大多数来自北方的代表，在这里平生第一次亲眼见到奴隶制。他们参观了奴隶市场，看到奴隶被买进卖出，看到不收报酬的劳动者以自己的血汗给奴隶主积累下何等的财富，他们真切地领悟到了南方富裕繁荣背后的真相，他们决定用心投票。

会议在一个很小的会堂举行，没有来自其他地区的陌生人为他们中意的候选人大呼小叫，也没有庆祝的喧哗声，因为出席会议的每一个人都感觉到危机即将到来。

这些人耗时五天，制定出一项声明。第五天，南方最有名的演说家——来自阿拉巴马州的参议员燕西，代表他的选民向大会作重要发言，这次发言大致是作给那些北方代表的。

“你们认为，”他说，“无论是自然法，还是上帝的法律，都没有奴隶制度存在——只有州法律承认它。它是错误的，但你们不能指责抱怨它。如果你们改变立场，认为奴隶制度是正确的，也许你会大获全胜，脑海中也不再有反对奴隶制度的想法……当我还是个中学生时，在北方，废奴主义者被人投臭鸡蛋，现在，废奴主义从一支队伍变成三支——‘黑色共和党'、'自由土地党'，还有'土地占有人主权'[①]论者——所有的这些旨在表达这样的普遍观点：奴隶制度是错误的……"

来自俄亥俄州的参议员普夫是斯蒂芬·A.道格拉斯的忠实好友，闻听此言立即跳了起来。他感谢上帝，那个真正的南方子孙大胆地讲出了所有南方民主党人的愿望。他说："你需要让我们这些北方人也说奴隶制度是正确的，是应该扩张的。各位南方的绅士先生们，你误解了我们！你误解了我们，我们不是那么想的。"

第八天，会议提议并通过了由斯蒂芬·A.道格拉斯提出的一项党纲。来自北方各州的代表们积极支持，而南方各州的代表则表示反对。最后，这项党纲还是被采纳了。

来自阿拉巴马州的代表团领导人表示抗议，认为这个党纲根本没有体现南方人的愿望，跟他同州的那些代表们纷纷起身离席，走出会场。紧随其后，来自密西西比州、路易斯安那州、南卡罗来纳州、佛罗里达州、得克萨斯州和堪萨斯准州的代表们，也都抗议南方人的权利被侵犯、被践踏了。

亚历山大·H.斯蒂芬

那是非同寻常的时刻。伟大的民主党，除了少数几年以外，它控制我们的国家政府长达半个世纪之久，现在它一分为二了。北方代表惊异万分，有些人甚至落泪了。"这是我们的联邦分裂的前兆吗？"他们彼此询问。

深深的忧虑在那些优秀的南方人心中挥之不去，佐治亚州代表亚历山大·H.斯蒂芬说："那些脱离会议的人，其意图从一开始就是：要么获得控制权，要么就毁灭。一旦发现自己掌握不了控制权，就选择毁灭……一

① 即新领土上是否允许奴隶制由该领土的人民决定。

年之内我们就会陷入历史上最血腥的战争了。人们看待未来的眼睛，是瞎的。”

留在会场的那些代表进行下一议程，选出一位总统候选人。他们投了三天的票也没达成共识，于是他们决定推延会期，到 6 月份再到巴尔的摩[①]市开会。

① 马里兰州的一个城市。

但在巴尔的摩，新一轮争执开始了。曾在查尔斯顿会议上中途离席的代表们，没有参加这次会议。来自弗吉尼亚和其他蓄奴州的代表也撤出会议。其他人继续进行会议，并按议程选举总统候选人。在第二轮投票中他们选出了伊利诺伊州的斯蒂芬 · A. 道格拉斯。

约翰 · C. 布雷肯里奇

南方的代表们在另一个会场开会。经预先安排，他们通过了一项党纲，完全符合来自蓄奴州的奴隶主政客们的意愿。他们提名约翰 · C. 布雷肯里奇为总统候选人。

与此同时，原辉格党中那些认为对奴隶制度最好的方法就是保持缄默的人们，也在巴尔的摩聚会。他们之中，有些人来自北方，也有些来自南方，但每个人都很爱国。他们遵循的原则是“国家宪法，各州联合，遵守法律”，他们自称为“立宪联邦党”，并提名田纳西州的约翰 · 贝尔为总统候选人。

因此，这时候就有了四个政党和四位总统候选人，区别这些人的首要问题即是奴隶制问题。“如果共和党的候选人当选总统，”奴隶主政客们声称，“南方人的一切权利都将被剥夺，南方各州肯定会脱离联邦。”

“到时候我们会怎么样，”亚历山大 · H. 斯蒂芬说，“只有上帝知道。”

4．前景晦暗

选举日如期而来，平静而去。选举结果正如人们所预见的，亚伯拉罕·林肯当选美国新一任总统。共和党人拿下了除新泽西以外的所有北方州。

“这是伟大的胜利。”诗人朗费罗写道，“这是对国家的拯救，这是自由的胜利。”

在大选前的整个月内，南卡罗来纳州州长和政治领袖们已为脱离联邦做了充分的准备。“南方的权利处境危险”的叫嚣声此起彼伏，整个州都陷在脱离联邦而独立的狂热情绪中。

林肯当选的消息传来时，这些人喜形于色。“这是最好的借口，”政客们说，“我们的人民永远不会同意受一个黑色共和党人的统治！”整个南方都流传着一些关于新当选总统的谣言，“老亚伯”不但是黑色共和党人，他的血管里也流着黑色的血。甚至还有消息肯定地说，他根本就不属于人类，而是一只受过训练的大猩猩，那些废奴主义者们让他来压迫南方人，贯彻执行他们的自私构想；消息还说，黑色共和党人饲养的这只怪物当上了总统，在任期内的使命不但要给那些奴隶们自由，还要让那些“黑鬼”得到和白人一样的权利。

“你们愿意让这么个傀儡怪物来统治吗？”他们问。

“决不！决不！”这就是回答。

六个星期之后，州会议在查尔斯顿召开。所有人都狂躁不安。大会的领导们全体前往圣米切尔墓区，他们站在约翰·C．卡霍恩的墓前，庄重发誓，为了捍卫南方的权利，如果形势需要，他们不惜献出自己的全部财富甚至身家性命。他们还通过一项决定，宣布南卡罗来纳州脱离与联邦的一切关系，她有权利成为一个不受联邦约束的独立国家。礼炮鸣响，男人欢呼，女人也挥舞着手绢，南卡罗来纳的棕树旗帜随风飘扬。

詹姆斯·布坎南在华盛顿白宫注视着势态进展。他作为美国总统的任期已不足三个月了，目睹国家分裂，国旗蒙羞，联邦四分五裂，他表示：“我无权干涉。”也许他内心深处认为自己大概是华盛顿最后一任总统了。一支南卡罗来纳军队逼近联邦查尔斯顿港口的堡垒，他仍然表示：“我无权干涉。”他的言行已和安德鲁·杰克逊非常不同，也完全背弃了他当年坚定的誓言：“联邦必须保持统一。”

总统的顾问人员，既有南方人，也有同情南方的北方人。财政部长是佐治亚人，准备通过一连串的金融手段来破坏联邦信用，故而把国库掏空。陆军部长是弗吉尼亚人，采取措施清缴了北方自由州军队的武装，并把这些枪支和国家兵工厂的其他武器装备，都运送到南方。海军部长来自康涅狄格州，他把国家海军疏散到远离国土的海洋深处，这样他的继仕者不可能在短时间内把军队召回来帮助联邦政府。

在华盛顿国会大厦的某间办公室里，六位国会参议员正制定一项计划，准备夺取海岸线所有的重要据点和政府财物，劝说并呼吁那些州的人民效仿南卡罗来纳州也脱离联邦。此时，詹姆斯·布坎南总统双手交叉地坐在白宫办公室说：“我无权干涉！”

不久，佛罗里达州脱离联邦了，随后还有阿拉巴马州、密西西比州、佐治亚州、路易斯安那州和得克萨斯州。这些州的代表们在阿拉巴马州的蒙哥马利聚会，成立了新的政府，自命为“邦联制国家”，并制定了一部与原来宪法颇为相似的新宪法，唯一不同之处在于承认和保护奴隶制度。他们选举杰斐逊·戴维斯这个密西西比河流域的参议员为总统。亚

美国国会大厦

美国内战期间，邦联总统杰斐逊·戴维斯

历山大·H.斯蒂芬为副总统。

杰斐逊·戴维斯说："无限光明的未来在我们面前延展，青青的草地会长满北方各个城市被商业破坏侵袭的地方。我们即将发起战争，高举刀剑和火焰，准备迎接那些住在人口稠密的城市中的敌人吧。"

北方数不清的人准备抛开自己的利益，置自己对国家的义务于不顾，以无比迅速的速度结党密谋。

"如果大部分南方人想脱离联邦，我们愿意尽力促成他们的意愿。"共和党领导人贺瑞斯·格里雷表态。

"一旦发生战争，战火肯定会烧到我们北方境内，甚至是我们的大街小巷。"新罕布什尔州的前总统富兰克林·皮尔斯说。

"指责奴隶制度和奴隶主的行为，对我们的南方同胞来说是不公正的，必然遭到公正和守法的正人君子的反对！"费城市长说。

"如果南方各州选择脱离联邦，就让他们独立吧；我觉得，纽约市也可以效仿他们。"纽约市长说。

"我们向南方妥协吧，别太晚了。"波士顿的共和党人说。

此时南方喜气洋洋，信心十足，无所畏惧。北方则陷在失望和畏惧中，甚至准备好了哭泣。"宽恕"一词几乎成了人们行事时最大的希望。

詹姆斯·布坎南总统双手交叉地在白宫办公室口头宣布，美国人民应该选出某一天来用以忏悔和祈祷。

一艘名叫“西方之星”的汽船，打着联邦的旗帜准备进入查尔斯顿港口，船上载满给堡垒军人供应的军需品和日用品，却遭到南卡罗来纳的炮轰而被迫撤离。

“你们的大旗已受辱，”南方人无所畏惧，“有胆量就重新挂起来，你们两个月前已经屈服了，今后也会永远屈服下去！”

而詹姆斯·布坎南总统仍然坐在白宫内表示：“我无权干涉。”

“邦联”沿海湾线攻取了一个个军事要塞，他们降下美国国旗，悬挂起自己的旗帜，他们还想让建在新奥尔良的一个缉私船站点向他们屈服。

布坎南总统不得不选出一位新的财政部长，他选择了纽约的老民主党员约翰·A. 迪克斯。随即迪克斯先生给新奥尔良发电报，报上载了他那句最经典的言辞：“如果有谁阻碍美国国旗飘扬，当场格杀勿论。”

这封电报是北方主战派发出的最初的信号。这短短的话语激起了人们垂死的爱国热情，重新唤起人们的精神，鼓舞了北方的士气，人们从困惑中醒悟过来了。

“保护国旗！”从缅因州到加利福尼亚响彻着这样的呼声，“美国国旗永远不会被打倒！”

于是形势开始转变了。

5. 精神和脑袋

在这段充满喧闹和困惑的日子中，亚伯拉罕·林肯在哪里呢？他没在他的法律事务所，没在家里陪家人，也没有在平时朋友们经常碰到他的地方。他在一间小储物室内，反锁了门，孤独地坐着，写他的就职演说辞，思考那些他将独自去解决的重大问题。

他比任何人都更深切地感到形势的严峻。尽管已当选为一个国家的领导人，但他此时最为孤独。他所属的共和党人对他当选总统感到极度羞愧，“我们为什么要选出伊利诺伊州这个劈栅栏木条的人，为什么要给国家带来这一切的麻烦？”他们彼此质问。

大概只有他的敌人们才能给他一些同情。“这个政治贩子是谁？这个伊利诺伊州的奴隶猎犬是谁？”废奴主义领导人温德尔·菲利浦狞笑着问。

然而亚伯拉罕·林肯从未动摇。他向目标迎面走去，尽管天空就要陷落，他仍直面走去而不会转身逃跑。

起身前往华盛顿的日子到了，他在斯普林菲尔德向朋友们话别。“我挑的是一个特别重的担子，”他说，“也许是从华盛顿存在以来比任何人都要重的担子。我希望各位朋友为我祈祷，如果没有神的帮助我无法取胜，有了神的帮助我肯定能成功。”

这次话别以电报的形式传遍了整个北方，还被刊印在报纸上。无知的人们嘲笑着，“连老亚伯本人都害怕了，”他们说，“他在乞求他的朋友们为他祈祷！”

然而，北方更多的热忱而爱国的人们，却准备支持他们选出的这位坚强的承担责任的人。

林肯一路所经的所有大城市，都挤满了想看看林肯的人群。一些人羡慕他，但更多的人前来看他不过是为了满足一下自己的无聊和好奇。每在一处停留，林肯都要做个简短致辞——简明扼要，意义深远，但并不包括对他对下一步政策的预言。

“我相信自己的精神是正确的，但无论我的头脑是否和面前的任务相配，都得对未来作出决定。”

“那么，南方怎么办？我们要打仗了吗？”一个胆怯的人问。

“没有必要打仗，”林肯回答，“我对战争并不热衷。我可以提前声明，如果国家不是被逼无奈、迫不得已，不会有流血事件发生。当然，国家也会被迫以实际行动自卫。”

林肯

6．亚伯拉罕·林肯总统

1861 年 3 月 4 日，林肯先生宣誓就职的时间到了。华盛顿这天早晨晴朗而干冷，气氛和平安静，天气没有暴风雨的征兆，人们的头脑中也没有喧闹。

敌人的威胁恐吓公开化了，他们宣称林肯不会到办公室宣誓，当不成总统。这个城市到处都有他的敌人。北方胆小易屈的政客——反对解放奴隶的北方议员，就像他们的绰号“面人”——和同情南方的人们商量，要采取一些措施阻止宣誓仪式。

联邦军队总司令温菲尔德·斯科特将军，早早地就带领一队士兵来到国会大厦维持秩序。华盛顿的政策也是防范骚乱。林肯的朋友们也在这个城市集结，决心保护他。

在指定的时刻，一队显赫人物从国会参议院出来，向准备宣誓的讲台走去。在那一队人中有最高法院法官，有美国总统，总统任命的副总统和其他的参议员，国会代表，一些重要的外国大臣，还有各州州长。在讲台的前面和四周，则是大批的来自各个阶层和党派的充满期待的兴奋的人们。平台一侧则是斯科特将军麾下的大队全副武装的士兵。

等人们各就各位，林肯走到前面致就职演说辞。他听到了掌声但极为寥落，他的敌人数量极多并且胆大无畏，相比之下，他朋友们充满不安和恐惧。

演讲辞很长，但相比这个国家需要他去解决的涉及各州的首要问题而言，它并不拖沓冗长。不用说，它主要针对的是南方各州脱离联邦的问题，演讲辞中还有一些是讲给南方人民听的。

“从物质环境而言，美国各州是无法分离的一个整体。我们无法把各州从各自的位置上挪开，也不能在它们之间筑起不可逾越的城墙。夫妻可以离婚，以后彼此不相见，也无法找到对方，但是，一个国家的不同地区之间却做不到这些。各地区不得不彼此面对，不管是友好还是敌视，总要彼此往来——这情形一定会在它们之间继续下去。那么，国家分裂以后，彼此是否会比没有分裂时更好、更让人满意呢？与外人签订和约，与朋友共订法律，哪个更容易呢？

“如果你们想打仗，你们也不能永远打下去；而当双方都伤亡惨重，谁也没有从对方得到好处，最终停止战斗时，一些与以前相同的老问题，比如说关于交流的条件，又会摆在你们面前。

林肯就职演讲
1861.3.16《哈珀周刊》

“各位心怀不满的同胞们，内战这一重大问题，不系于我的手里，而系于你们的手里。政府不会攻击你们。

“只要你们自己不成为侵略者，你们就不会陷入冲突之中。你们没有对天发誓摧毁政府，但我们却要立下最庄严的誓言来‘保持、维护和捍卫’它。

“我们不是敌人，而是朋友。我们不能是敌人。尽管激动的情绪绷紧了我们之间感情的纽带，但这纽带决不会断裂。

“那一根根不可思议的记忆之弦，在这片辽阔的土地上，从每一个战场，每一个爱国志士的墓碑，延伸到每一颗跳动的心和每一个家庭，它终有一天会被我们的良知所触动，再次奏出一曲联邦交响曲。”

在庄重而先知般的语句中，演讲结束了。随后，庄严的美国大法官罗格·B. 陶尼走向前来，用颤抖的语调宣誓：

“亚伯拉罕·林肯成为美国总统。”

第一个向他表示祝贺的人，是他毕生的对手斯蒂芬·A. 道格拉斯。道格拉斯先生一直拿着总统的帽子听他演讲。现在，道格拉斯满怀热情和长久的友谊之情，紧紧抓住林肯的手，明确表示，无论遭遇什么事情，他都会遵守宪法和法律，和林肯保持一致立场并坚定地支持他。这是经典的一瞬，“伊利诺伊州劈栅栏的人”和“西部的小巨人”不再是对手，而是好友和合作伙伴。

但 3 月 4 日这天并没有对未来允下美好的诺言。南方分离主义者领导者们明白，如果北方不打仗，那么他们必须首先挑起战争。北方似乎已经预先得出了联邦会分裂的结论，有不少人仍然期望凡事都向南方让步。

“强迫南方各州留在联邦内，是一种专制行为。”共和党人威廉姆·H. 塞华德说。

“如果南方各州认为他们应该有一个独立的政府，他们有权利自己决定而不必乞求你我恩准。”废奴主义者温德尔·菲利浦认为。

但民主党员斯蒂芬·A. 道格拉斯说：“如果南方各州想脱离联邦，我希望他们与我们兵戎相见的时候，仅仅拥有现在这么多奴隶，仅仅拥有现在这些蓄奴的地域，没有增多。”

林肯总统脸上带着忧伤，心中怀着对正义者必胜的确定信念，走进白宫，用他的肩膀扛起拯救国家的重担。

7. 内阁成员

在林肯总统任命的内阁成员中，有四个人的名字已为我们所知，他们是在芝加哥提名大会上和他竞争的人。

威廉姆·H. 塞华德，是坚定反对奴隶制度的国会代表，学者，绅士，精明的政治家，一向以自信和高傲著称，他被任命为国务卿。这个职务让他多少有点不愉快，他一直羞于在那个西部人的领导下任职。

亚伯拉罕·林肯的内阁

蒙哥马利·布莱尔

宾夕法尼亚的领导人西蒙·卡梅伦，英勇无畏，好战，并且勇气十足、精力过人，对于陆军部长这个责任重大、任务艰巨的岗位而言，他看似是最理想的人选。

萨门·P. 蔡斯[①]，出身名门、多才多艺的俄亥俄州长，最有能力的西部废奴主义者。高贵谨慎，热心，虚荣心强，担任内阁财政部长最合适，他会成为最安全的国事顾问和最智慧的金融管理者。

爱德华·贝茨，密苏里人，一个富有绅士风度的律师，是他所在的密苏里州奴隶主的心腹大敌，担任总检察长。

其他内阁成员知名度略小。海军部长是吉迪恩·韦尔斯，他在新英格兰州以外名气不大。内政部长是来自印第安纳州的凯莱布·史密斯。邮政部长是马里兰州的蒙哥马利·布莱尔，他在中南部地区极具影响力。

新总统的每一项举措都遭到北方人的批评。共和党人最为不满，认为林肯过于偏好民主党人了。他们说，他的内阁包括四个前民主党人，仅有三个前辉格党人。

“那么，”他回答说，“我自己可以算是一个前辉格党人，现在两党势均力敌，可以很好地维持平衡。”

朋友们认为他不应选择自己的政治对手做顾问。那些人不会因为嫉妒或者失望之心而企图把他的治理导入错误的方向吗？林肯不这么认为。他对这些人的品质有十足的信心，相信他们不会向任何自私的念头屈服。

① 萨门·波特兰·蔡斯一直雄心勃勃地想当总统，也具有领袖人物的远见卓识，他一生都是奴隶制度的坚决反对者。早年在辛辛那提从事法律工作时，他就免费为许多被控告为逃亡奴隶的黑人担任辩护律师，以致肯塔基人称他为“逃亡黑人的总检察长”。蔡斯退出民主党后，先领导组织自由党，后又组织自由土地党，最后成为共和党人。

他对那些人说："先生们，拯救国家需要我们所有人各履其责，各尽所能。让我们忘记前嫌，像亲兄弟一样携手工作吧。如果我们取得成功，那注定是我们大家共同的荣耀。"

林肯的一些朋友表示了忧虑，他们认为塞华德先生有可能对林肯指手画脚，甚至有可能会越权控制政府。①不到一个月，这些忧虑果然应验了。塞华德在一封标题为"就总统关心的问题的一些想法"的信中，对一些具体问题制定出解决方案，信中暗含着一个上等人对下等人的蔑视。

林肯用非常平静、公正而又不会导致误解的言辞回复他，请他谅解政府的领导权在总统本人手中，他的提议会被妥善保存。塞华德先生是聪明人，而且优雅大度，他再次向林肯臣服，他现在意识到，无论是能力还是智慧，林肯都比他强多了。

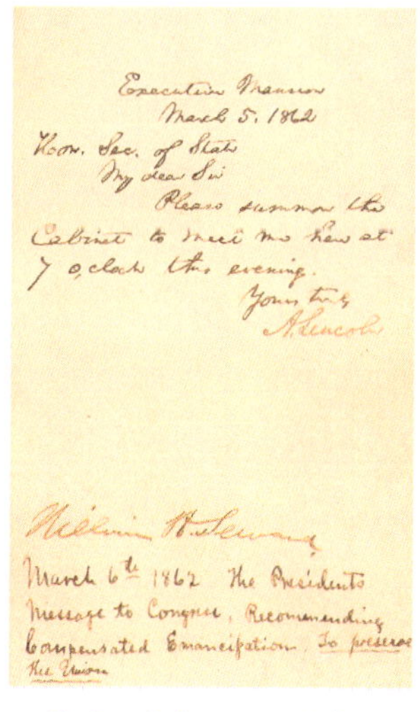

Executive Mansion
March 5. 1862
Hon. Sec. of State
My dear Sir
Please summon the Cabinet to meet me here at 7 o'clock this evening.
Yours truly
A. Lincoln

William H. Seward
March 6th 1862 The Presidents Message to Congress, Recommending Compensated Emancipation. To preserve the Union

林肯给威廉姆·H. 塞华德的亲笔信

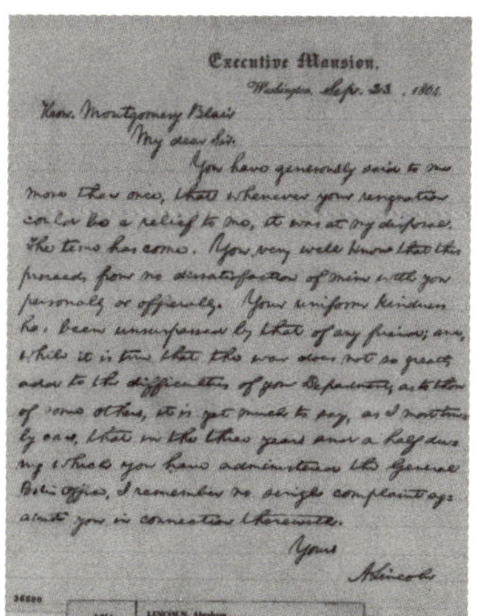

Executive Mansion,
Washington, Sep. 23, 1864.
Hon. Montgomery Blair
My dear Sir:
You have generously said to me more than once, that whenever your resignation could be a relief to me, it was at my disposal. The time has come. You very well know that this proceeds from no dissatisfaction of mine with you personally or officially. Your uniform kindness has been unsurpassed by that of any friend; and, while it is true that the war does not so greatly add to the difficulties of your Department, as to those of some others, it is yet much to say, as I most truly can, that in the three years and a half during which you have administered the General Post-Office, I remember no single complaint against you in connection therewith.
Yours
A. Lincoln

林肯写给蒙哥马利·布莱尔的亲笔信

① 在林肯被提名和当选以前，塞华德一直是共和党的领袖。他是纽约人，同全国金融商业的财团有密切的关系，提出过多项经济议案（如太平洋海岸铁路法案）。他还是交通、贸易、关税、资本等问题的专家，他比林肯更具有把握包括经济在内的重大问题的能力。在林肯要求组成一个由共和党和民主党共同执政的混合内阁时，以塞华德为首的共和党人极力反对，尤其反对老牌民主党人蔡斯入阁。塞华德还为此提出言辞犀利的辞呈。林肯考虑之后没有同意他。

8. 林肯首次召集军队

就职典礼之后，形势似乎陷入暴风雨来临前的短暂平静中。南方因邦联总统杰斐逊·戴维斯迟迟未采取实质意义的行动而焦躁不安。

“为什么不首先采取行动？”那些激动难耐的领导人问他。

北方人也因林肯总统没有立即采取措施解决那个难题、也没有让各州重回和平或者宣战而不满。

“为什么不首先采取行动？”他的朋友和敌人们也都这样问询。

而不得不“采取行动”的时机很快就到来了。

分裂出去的各州海岸沿线几乎所有的重要堡垒都被南方邦联占领了。位于查尔斯顿的萨姆特堡仍然悬挂着美国国旗，指挥官罗伯特·安德森带着屈指可数的几个士兵，拒绝向南方投降。城市中到处是邦联士兵，海岸上支起排排炮架，加农大炮也瞄向堡垒。但是安德森仍拒绝投降。

1861 年 4 月 12 日，邦联的指挥官博雷加德将军表示，无论安德森是否立即缴枪投降，他都会夺下这里。安德森手下士兵的军备将空，战士们吃光了最后一份定额食品，但他回答道，如果没有接到政府的命令，甭想让他在 4 月 15 日以前打开大门。

“很好，”博雷加德将军说，“南方的大炮不出一个小时就会向你们开火！”

凌晨三点半发出命令，四点半时萨姆特响起了第一声枪响。这标志着南方向美国政府宣战。那些操纵战争的人们觉得应该如此，他们巴不得挑起战争呢。

炮轰持续了整个白天和半个夜晚。堡垒外围的防护墙全倒塌了，安德森少校尽其所能还击，但是他的短枪根本无力和敌人抗衡。查尔斯顿萨姆特堡的人们极度兴奋，在南方炮轰期间，他们为战争的打响而欢呼。人们认为，抵御能力不强的美国政府会很快投降，这里马上就能建起属于南方邦联的机构了。

随后的 4 月 13 日，脆弱无力而饥肠辘辘的堡垒守军投降了。南部沿大西洋海岸线最坚固的堡垒也被邦联政府控制起来了。

林肯

当这个消息电传至北方时，事态呈现戏剧性变化，人们突然醒悟并知道将要发生什么了。美国政府分裂了，一个新成立的政府向美国挑起了战争，国旗被扯下并遭到敌人皮靴的践踏——这些都激起了北方人的爱国热情。那些一直坚持顺其自然的人们，也认为国家现在到了最危险的境地，国内好战情绪开始上升，到现在向南方宣战已经没有阻碍了。

林肯总统立即召集两万五千名志愿兵，要保卫政府，要让国家法律仍能在南方执行。这个命令得到所有自由州的积极响应，不但征集到斗志昂扬的两万七千人，还有不计其数的报名者没有机会入伍。仅密歇根一个州就有五万人应召。

爱荷华州长说：“十天之前，这片土地上还有两个政党。现在，只有一个政党了，这个政党无条件地服从美国联邦和宪法！”

不到二十四个小时，伊利诺伊州有四十个支持政府的团体成立；不到四十八个小时，马萨诸塞州已组好军团，装备充分，准备开赴战场。工厂开始大批生产武器和各类军火，北方的每一个角落都能听到军号声，双方相持不决的日子结束，战争正式开始了。

招募志愿者原定期限是九十天，许多人认为战争都不会有这么长时间，北方人认为南方根本不会有太强的抵抗力，乃至过于自信地吹嘘：“痛快地鞭笞一顿奴隶主，不过是吃早饭前的热身运动！”

然而南方在各州进入武装之前就已经做好了长期战争的准备。博雷加德将军担任了一支武力顽强、装备精良、训练有素的军队的指挥官。所有的南方人都认为北方佬全是彻头彻尾的懦夫，他们也过于自信地宣称，“一个南方士兵可以抵挡十个北方佬”。

南方其他的一些州，原本摇摆不定犹豫不决，现在全都加入了分裂主义的阵营，包括弗吉尼亚、北卡罗来纳、田纳西，还有阿肯色州。除了特拉华州以外，所有的蓄奴州不但不听从政府总统命令征召志愿军，还准备好在第一时间脱离美国政府。

美国首都华盛顿市位于蓄奴的弗吉尼亚州和马里兰州之间，南方人的第一个入侵目标就是这里。如果攻取了这里，南方邦联就稳操胜券。林肯比任何人都清楚这一点，所以他当下最关心的事就是安置重兵保卫首都。

七十六岁的温菲尔德·斯科特将军是正规部队的最高指挥官，他表示，“我已经在美国国旗下为国尽忠超过五十年了，这个时间长得几乎是上帝赋予一个人的寿命。我会用手中的剑捍卫国旗，哪怕我自己的州也在攻击它！”[①]

但由于他年事已高身体虚弱，形势不允许他领导这场战争。林肯和内阁成员决定，必须选拔一位年纪较轻的军官来指挥联邦军队。在所有的军人中，最为勇猛、最具胆略、智慧和忠诚的军官，无疑是来自弗吉尼亚州的罗伯特·E.李将军。

此时的李将军在美国军队中担任陆军上校，那年他五十四岁，毕生都在为国效力。他出生于弗吉尼亚一个家世颇有渊源的大奴隶主家庭，父亲曾是华盛顿将军麾下最为忠诚勇敢的军官。罗伯特·E.李热爱美国，但他像其他南方人一样，更爱自己的州。作为弗吉尼亚人，他认为自己最高的荣誉是献身弗吉尼亚。但他也曾说："我简直无法想象还有比联邦分裂更大的灾难。"

当政府军队的任命书到达李将军手中时，他犹豫不决。弗吉尼亚现在还没有正式脱离联邦，但一旦她脱离，他能向她开战吗？他的同族和朋友都是弗吉尼亚人，他能向他们开战吗？最大的可能是，他无法向亲友操戈。

不到一星期，弗吉尼亚加入南方邦联政府的消息传来，李将军立即向美国政府军队递交了辞呈。三天后他被任命为弗吉尼亚军队的指挥官，"以万能的上帝和良心

罗伯特·E.李将军

① 斯科特（1786—1866），担任美国军队统帅达20多年之久，他在美墨战争中的战功和美国内战初期的谋划改变了美国历史。其出色的战略战术才华和领导才能被公认为美国历史上最伟大的将军之一。是继第一任华盛顿之后第二位获"中将"军衔的美国军人（当时美国还没有上将军衔）。1861年内战爆发初期，斯科特为北方政府制定了"蟒蛇计划"——通过广泛动员、封锁南部，循序攻占密西西比河谷。但他的计划遭到很多军政界人士的嘲笑和反对，他也因年事太高而退役了。但他的计划最终被林肯总统和格兰特将军采纳，并最终取得胜利。

1861 年温菲尔德·斯科特制定的“蟒蛇计划”的漫画

EAT SNAKE.

Clerks Office of the District Court of the Southern District of Ohio.

的名义，我将为保卫家乡而战！”

与此同时，斯蒂芬·A. 道格拉斯尽其所能地呼吁北方人，要对国家面对的威胁高度警惕。他匆匆赶赴伊利诺伊州，一路上不断作演讲。

“让我们放下党派之争，只需牢记我们的祖国，”他呼吁，“保卫祖国和国旗免于侵略者之手，是我们的使命和义务，去做我们能为祖国做的事吧！”再没有哪个演讲者比他更热切、更富于鼓动性了。

在斯普林菲尔德，他发出最后最伟大的呼吁：“南方人没有理由抱屈，林肯当选不过是他们的借口，在这场战争中没有中立者，只有爱国者和叛国者！”

他不知疲倦地奔波，把自己所有的精神和力量都付诸唤醒国民保卫祖国的行动中。终于，“小巨人”体力透支，健康受到严重损害。他在芝加哥病倒，并于 6 月 3 日病逝，年仅四十八岁。他的死是国家的一大不幸，林肯总统怀着对自己的亲兄弟般的诚挚，深切地哀悼他。尽管他做过一些错事，但作为一位最有能力、对国家最有感情的爱国者，他的名字将被世人铭记。

9. 国会大厦的情形

一场由南方邦联政府首先在萨姆特城打响的战争，掀开了漫长而血腥的一段历史。对我们而言，真不愿意去注视我们的掌舵人那张忧伤的脸，他驾驭着国家之船穿过最难忘的那段暴风雨的岁月。

1861 年 7 月 4 日，林肯总统召开国会扩大会议。这一天清晨，华盛顿市就像个全副武装的营房。大街上士兵林立，每个人都在传递着战争的信息。从国会大厦的楼顶上，可以看到波托马可河岸的远山上飘动着南方邦联的旗帜，敌军就在那里露营。邦联的军队正迫近北方。“直取华盛顿！”南方人叫嚣着，一国之都华盛顿几乎被包围了。

国会议员召集开会时，只有北方各州和南北交界处的蓄奴州的代表出席，南方的大片座位空空如也。

人们认真阅读和倾听总统的报告。在报告中，他向国会指明当时国家的状况，陈述南方各州如何置国家法律于不顾；军事设施和其他公共财物如何被突袭强占；萨姆特堡如何遭到炮轰，海陆军中的大批来自南方的军官如何把刀枪对准自己的祖国；一项征募志愿军的公告在北方各州如何取得了令人安慰的进展；南方军队在弗吉尼亚集结并对国家虎视眈眈。最后，他请求国会，要想尽快而确定地结束战争，他必须有四十万人力和四亿美元才行。

国会迅速做出反应，投票通过决议，不仅满足总统的全部要求，还提供了更多的人力物力，将五十万人力和五亿美元交由他处置。

征募志愿兵的公告再次发出，这次有五十万人在原野上集结，他们愿意为祖国效劳三年，哪怕战争在很短时间内就结束。人们不再嚷嚷“痛快地鞭笞一顿奴隶主，不过是吃早饭前的热身运动”了，他们现在明白必须以全部的力量保卫国家。每个热爱国家的公民都知道，如果国家需要，他要把自己的全部奉献给保卫祖国的伟大事业。整个北方“人们用力量最强的声音响应总统，如江河般前进”：

我们来了，亚伯拉罕前辈，
我们汇集了五十万人之勇力！

一支军队在本杰明·F. 巴特勒将军指挥下，占领了詹姆斯河口处的康福特；麦克莱伦将军率领一队人马进入西弗吉尼亚一带，阻止了邦联军队在这一地区的进军。另一支队伍准备保护西北地区，以避免敌人取道肯塔基或密西西比。密苏里的军队受西部地区著名的弗莱蒙特将军指挥，他曾在墨西哥战争中为美国取得了加利福尼亚。南方的港口都被封锁了，南卡罗来纳州的罗亚尔港很快落入联邦军队手中。

与此同时，南方邦联政府也在大规模武装和训练军队，以保卫南方，入侵北方，成千上万的人齐声高呼口号“直取华盛顿”。

7 月 21 日爆发了第一次大型战役。战场位于弗吉尼亚州，就在华盛顿眼皮底下，史称“牛奔之役”。北方联邦指挥官是麦克莱伦，南方邦联的指挥官是博雷加德。作战双方的士兵都是未经训练的志愿新兵，但南方军队中的许多指挥官从著名的西点军校毕业并且在军队服役多年。战斗激烈残酷，血流成河，最后邦联取得了胜利。联邦的防线被打破了，战士们陷入恐慌情绪中，他们秩序大乱，溃不成军地向华盛顿败退。在混乱的溃逃中，他们拥挤在波托马可河的一座长桥上，丝毫不敢停顿地直奔国会大厦以求平安。

平安？如果邦联军队乘胜追击，如果他们跟在溃不成军的敌人后面，华盛顿早晚会落入他们手中，美国的历史也必是另一种写法了。但是，不知为何，他们停下脚步，犹豫不定，而后不再进军。这次停顿给了那些忠于祖国的北方士兵休整时间，沿波托马可河的防御工事加强了，首都得以幸免。

本杰明·F. 巴特勒将军

"牛奔之役"失败的消息，夹杂着悲痛和沉重传到了许多北方人家中。对南方人来说，通过这次战役，他们信心更足，勇气更强。对于眼光长远的亚伯拉罕·林肯来说，这次战役虽令人悲痛，但还不至于让人失去全部勇气。他必须坚持，必须更好地组织起军队重赴战场，必须为各个部队和各个战区找到有勇有谋、训练有素的指挥官，必须训练好、装备好军队。他要比任何人都更坚韧，坚韧，坚韧！他说："要从容有序，忙而不乱。"

10. 忙中不忘助人

战争形势愈发严峻，国家命运受到来自各个方面的威胁。危险的来源有外部的敌人、内部的对手、自私的政客、不明智的朋友、错误的参谋，还有来自国内外的各类叛徒。一次失误，或者一次不理智的行动，都有可能把这个国家推向毁灭的绝境。

林肯要独自完成命令、操作和协调的任务，这也是政府所有的权力。他要让议员们明智而优异地履行职责，要

内战期间在战营中的林肯

直接指挥军队中不同支队的行动，要维护内阁的和谐，要和北方不同党派的政客们保持联系，要知道那些为他服务的人们的意愿和福利，要鼓励弱者、鼓舞怯懦者，要限制轻率和过分自信，要明辨有关联邦和邦联的存续。还有谁比他承担的责任更重?

林肯总统一直保持多年来一贯的朴素低调，衣着和居所都极为平常。去某个地方，一般人都骑马，他都可能会步行。他亲自动手做一些别人可能会交给办事员来做的工作。他时常出去察看防御工事，检查新生产的枪炮，了解营地战士们的处境状况。

他喜欢听有趣的故事，并乐意对朋友们复述。在他的书桌上，在国家报纸和重要文件之间，总会放着几本笑话书和戏剧年鉴。只要有时间，他就陷于如何更好地管理国家事务的思索中，随后他可能会小声读几段流行诗歌。

啊，凡人有何理由骄傲?[①]

或重复那些在他脑海多次出现的诗句：

世人本是泥土造
明日未至今日消

当他在徘徊踱步，思索那些非他解决不可的伤脑筋难题时，他会吟诵这些诗歌。他从来也不会忙得顾不上问候老朋友，或倾听陷入困境者的求助声。

军队中出现一些逃兵，按军法应枪毙处理。但林肯内心为这些年轻人惋惜，他总请求宽恕他们，以至遭到一些军官的不满。

① 苏格兰诗人威廉·诺克思（William Knox，1789—1825）的作品，相传这是林肯最喜欢的一首诗。

“如果人的生命多于一次，”曾有一次，他这么说，“我相信一次射击不会置人于死地；但是，当一个人死后，我们再也不能让他复活，我们再后悔也是徒劳。所以，我们必须宽恕这个孩子。”

巴特勒将军表示不满：“整个军队士气受挫，现在每天都有开小差的人！”

“这状况怎样才能停止？”总统问。

“所有逃兵，一律枪毙！”巴特勒强硬地回答。

“也许你是对的，”林肯说，“可能你是对的。但是，上帝啊请帮帮我，我怎么能让波托马可河岸的军营每个星期五都变成屠杀日呢？”

在一次残酷的战斗后，一个士兵因害怕而丢掉枪，逃离了战场。这个行为把该士兵所在的小分队搅得人心惶惶。战役结束后，经军事法庭审判，决定将这个士兵处以死刑。他的朋友向林肯求助，林肯说：“我努力想办法让这次宣判暂缓执行，除非能证明让这个士兵去死比让他活着对国家更有益。”

另一件事是有关某个人人都讨厌的坏家伙的。他不但在战斗最激烈的时候当了逃兵，而且他在军队中还不时偷窃，欺诈成性。

“毫无疑问，让这个家伙去死，比让他活着对国家更加有益。”军官说。

但是林肯知道这个士兵的父亲是位尊贵的人，并且是位坚定的爱国者。他签署了死刑令并表示要把这个案例放进他的文件柜中的“腿案件”中。他解释说，“这类问题太普遍了，你可能会给这类案件起个长长的名字，比方‘面对敌军时的怯懦现象’，但我简称它为‘腿案件’。如果万能的上帝给人两条腿，他不是为了让它们能帮助人类奔跑吗？”

林肯从不会拒绝倾听那些求助者的呼声，从不因为大事太多而忘记普通人物的小困难，从不因为肩上担子太重而忽略向那些处于悲痛和绝望中的人送去安慰。无数的事实证明他有一颗非常伟大的心灵。下面这封信是总统写给一位他不认识的妇女的，就是其中一例：

亲爱的夫人：

我从麻省国民警卫队总指挥的陆军部档案中得知，你的五个儿子都在战场上壮烈牺牲，我明白，在如此不可承受的事情发生之后，不论我如何努力劝说你放弃心中的哀痛，都是徒劳无功的。但我要代表合众国向你致上深切的慰问。愿天父抚平你的丧子之痛，让你永怀爱子珍贵的记忆。你在自由的祭坛前的献祭，必为你带来庄严的光荣。

林肯雕像

战争继续推进，林肯被各类麻烦和困境包围，尽力承担种种责任。他仍不时讲些轻松愉快的故事，以在战争时间减轻人们内心的创痛，但人们渐渐失去兴致。他也不时微笑，但明显不如以前笑得多，丝丝白发攀上他的鬓角，脸颊上的皱纹愈来愈多，愈来愈深。他的眼底深邃，在时间的流逝中透出隐隐忧伤。“我感觉再也高兴不起来了。”他曾这么说。然而，他没有低声怨言，没有顾虑自己，而是勇敢地站在自己的位置上，用肩膀扛起整个国家的重担，持之以恒地满怀希望、忘我工作和坚守信仰，他相信正义者必胜。

他曾说：“我坚信万能的上帝自有安排，必定会解决各种争端。无论如何，无论我们凡人是否看清楚，对我们来说，上帝的安排和决定必是最智慧和最好的。”

11. “战时逃奴”

战争之初，人们的注意点根本没有涉及奴隶制度问题。一些奴隶逃亡后，纷纷加入北方军队阵线，转而攻打他们的主子。部分联邦将领比较莽撞地和南方邦联将领达成一致，认为黑奴逃亡是对主子的背叛，应该受到镇压。奴隶只是奴隶主的一种财产，这些奴隶在南方军队中发挥着很大的作用，他们挖掘战壕，建造防御工事，运输战备物资，这些人的艰辛劳动有效地缓解了邦联士兵们营地的劳作。

驻守门罗堡垒的巴特勒将军是最早拒绝把逃亡奴隶送还给他们主人的联邦军官。他的观点是，既然这些奴隶一直被主人当成骡马来干活儿，他们帮助联邦军队的敌人，所以也应该把他们当成战利品缴获。“他们是些战时逃奴。”巴特勒将军说，所有从敌营中来到他这边的奴隶，他都给他们自由。巴特勒的做法看上去非常明智而公正，以至国会不久之后通过一项法律，该法律规定，所有曾受雇于邦联军队的逃亡奴隶都应该被政府当成战利品充公。从这一时刻开始，直至战争结束，所有从南方逃出的奴隶都被称为“逃奴”。

不过，那时想逃脱奴隶制度的黑人并不多。他们的主人早已告诉他们，北方废奴主义者们都是些野蛮的怪物，会把他们擒获的所有奴隶都吃进肚里。任何命运都比落入这些废奴主义者手中要强得多，艰辛劳作当然是不幸的，但被那些“黑色废奴主义者”们吃掉会比这个要糟糕一千倍。

大致在这期间，密苏里州的佛莱蒙将军做了件极不理智的事。他认为密苏里南部的白人倾向于南方邦联，有可能协助南方军队。他最早做的一件事即是发表宣告，在密苏里州的所有非联邦人士的土地应该全部充公，并赋予他们的奴隶以自由。他这一步跨得太远，超出了总统的承受限度。佛莱蒙的行为招致激烈的抗议，甚至在北方也有人抗议。军队中有大批来自肯塔基的志愿士兵扔掉武器，转身回家。那项宣告如果不能重新修订或者废除，肯塔基州议会拒绝向政府提供任何帮助。林肯总统除了让佛莱蒙将军改变命令并宣布其行为没有得到联邦允可外，还能如何是好呢？

内战期间，南方黑奴逃亡北方的途中

“我认为，失去肯塔基，简直无异于失去整场战争。”他说，“肯塔基如果一去不回头，我们也无法保住密苏里，而下一步还会失去马里兰。这些州都会反对我们，届时我们面临的困难将难以想象，我们大概得立即同意各种分裂行为，连首都也得宣布投降。”

北方那些态度强硬的废奴主义者和其他短见的人对此大声呼求。他们指责林肯总统正试图交好奴隶主，他们比以前还要更嚣张地对待“伊利诺伊州捕奴者”。但林肯先生严格遵守自己的立场，使得南北边界线上的蓄奴州一直忠于联邦。

12. “一次只能有一场战争”

如果不是林肯总统的睿智决断，那么不久后的那件突发事件，必将使国家卷入与英国的战争中。南方邦联政府任命两名南方议员梅森和斯莱德，以公使身份出访英国，如果有可能，他们将向英国或者法国请求援助。这两人在查尔斯顿登上一艘小船，在漆黑的夜晚穿过联邦海军的封锁线驶向哈瓦那。到了哈瓦那，他们就可以通过邮船“特伦特号”向英国发送信息。

而这件突发事件由威尔克斯船长引发，当时他是美国联邦一艘单桅帆船“圣杰森图号”的船长。此后几日，他在巴哈马运河上袭击了“特伦特号”，向其船头开火，并将其击穿。他还派出整队的水兵将梅森和斯莱德擒获并带到“圣杰森图号”上来。英国船长和船员们断言，他们这是对航程中的英国国旗的进攻。但威尔克斯船长对这些话置之不理，他允许“特伦特号”继续按航线前行，但把梅森和斯莱德带到波士顿港，并把他们囚禁在华伦堡垒。

北方人因这件事群情踊跃。那些鼠目寸光的人们为威尔克斯船长的行为欢呼喝彩，海军部长甚至向威尔克斯船长表示官方支持。而在南方，人们同样激动不已，邦联政府性情粗暴的领导人认为英国将会对自己国家的船只在公海被劫极为不满，如果英国能援助南方邦联，那么胜利必

然属于南方。英国的上层阶级对南方抱有好感，他们希望看到自由共和能破裂并毁灭。许多人都盼着有合宜的借口向美国联邦政府宣战。

林肯总统没有在北方的喧嚣和自负中迷失自我，他认为威尔克斯船长的行为是极端不理智、极端错误的。林肯毫不犹豫地表示："如果我们认可威尔克斯船长，就是在进攻英国。如果英国现在表示抗议，要求释放梅森和斯莱德，那我们必须要这样做，而且我们还得为自己政策中的暴力因素向他们道歉，我们要修改政策以与中立国保持和平关系，而那种错误的认知已经持续六十年了。"

英国政府对船只被劫事件表示抗议。此外，他们要求美国联邦必须在七日之内赔偿损失并公开道歉，并准备于此期间内参战。林肯非常明智并且不失政府任何尊严，他对此表示让步。国务卿塞华德表示支持林肯，北方少数有识之士也支持林肯。但成千上万的普通人却发出失望的怒吼，林肯和他的内阁受到人民的普遍不信任。林肯没有被这些叫嚣声震聋耳朵，他仍不为所动。“一次只能有一场战争。”说完，他平静地转身，继续承担来自各方面的责任和压力。就这样，他又一次解救国家于危难之中。

当有了足够的时间再次思考这次事件时，人们才意识到林肯有多么明智，他所做的一切是多么富于政治才能；如果当时林肯听从了他们的意愿而非努力地坚持正确的做法，该有多么可怕的事情发生，人们想到这些时才禁不住胆战心寒。

伊利诺伊州斯普林菲尔德亚伯拉罕·林肯总统图书馆中的林肯雕像

13. 听取建议

令人焦急的日子到来又逝去，而战争仍在继续。有时候北方联邦会占些优势，有时南方邦联打个胜仗，不知战争将持续至何时，又将以何种惨状宣告结束。战场上总是不断地需要更多的士兵、更多的士兵、更多的士兵！北方有成百上千的人放下犁耙，离开纺织机、锻造厂，离开商店和会计账房，为了联邦而放弃自己的一切。正如他们进军时所唱的歌[①]：

打倒卖国贼，举起星条旗；
我们集合到国旗下，
男儿们，我们再次集合，
发出为自由而战的呐喊。

我们行军上战场，男儿们，我们去打仗，
发出为自由而战的呐喊。
为了联邦和正义，我们扛起光荣的星条旗，
发出为自由而战的呐喊。

① 这首歌出自《为自由而战的呐喊》，又叫《集合到国旗下，男儿们》，是乔治·F. 鲁特（1820 — 1895）于1861年创作的。

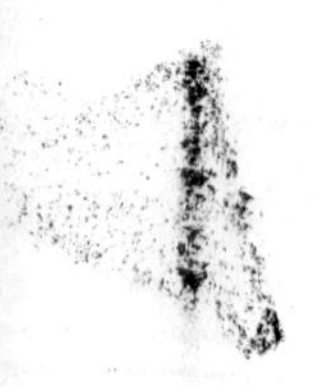

南方南样激情四溢。起初是成年男人，后来不足十六岁的男孩子们、甚至当了爷爷的老年人，也走出家门保卫家乡和自己的州，反对他们眼中的入侵者北方军队。在大型种植园通常只剩下妇孺和奴隶。南方士兵也有他们的歌声：

南方人啊，你听，祖国在召唤你！
起来！不要坐待那比死亡还要糟糕的结局！
武装起来！武装起来！武装起来！在迪克西[①]！
啊！所有的烽火都已点燃！
我们现在万众一心，脉搏同动！
武装起来！武装起来！武装起来！在我们的迪克西！

挥舞着迪克西的旗帜前进！
让我们一次次欢呼！
让我们高高屹立，保卫迪克西的土地！
把生生死死都交付迪克西。
武装起来！武装起来！
为了迪克西的和平而高举武器！
武装起来！武装起来！
为了迪克西的和平而高举武器！

对林肯总统来说，每逝去一天，就会有新的麻烦出现，每度过一小时，就会有新的责任增加，而这一切，只能由他独自承担。一旦发现那些被委以重任求取胜利的将领不称职，就要免去其职位，并安排合格的将领顶替。内阁成

① 迪克西（dixie）指美国南部各州及该地区的人民。其起源有三种说法：以前在路易斯安那州的法国殖民地发行的十元纸币上的“dix”（法语：十）字样；纽约州的一种奴隶被称为“迪克西先生”；划定马里兰州、弗吉尼亚州、宾夕法尼亚州等州之间界限“迪克西—马森线”的天文学家名字是杰拉米·迪克森。其中以第三种说法最为普遍。

美国南北战争中战场一瞥

员也频频变动，其中既有一如既往理解并支持他的人，也有那些表示坚决不配合的人。

人们越来越不耐烦，并逐渐失去信心。他们难以理解这场战争为什么会持续这么长时间，至今取得的效果又这么微乎其微。资金匮乏，赋税加重，食品和衣物价格昂贵，工厂倒闭，战争造成的不幸日愈严重。有些人极为反对林肯，无数的北方人认为自己管理国家事务的能力要比林肯强得多。他们组成了一个和平团体，成员包括所有那些不惜任何代价只想快点结束战争的人——同情南方的北方人，仕途失意的政客，胆小怯懦者，反对奴隶制度的北方议员，还有少数心怀好意但目光短浅的爱国者。

但是林肯总统仍坚定地朝着他所理解的最安全、最理智的方向前行。他悉心听取那些反对他的意见，忍受着灌进耳朵中的种种抱怨和不满之辞，宽容地对待那些公开指责他的人们。最终，这些正确做法给他注入了新的力量。

一些北方人固执地认为战争持续下去的目的是废除奴隶制度，他们称联邦士兵是“废奴主义的雇工”，是“林肯的走狗”，他们不遗余力地设法援助南方。另一方面，一些北方废奴主义者认为这场战争拖延这么久，是林肯为了交好南方奴隶主；他们称林肯是“奴隶制度的支持者”；他们宣称战争已经失败了，不如直接承认南方邦联政府独立。

然而，有些原本对奴隶制度持放任自流态度的人，现在他们的态度在不断变化。对奴隶制度最为不满、态度变化最快的人，莫过于林肯本人。每每考虑国家前程命运时，他总转向这注定到来的态度——解放。首先，要顾虑“战时逃奴”问题，当时已通过法律允许他们加入联邦军队，军队中已组建白人军官领导的黑人军团；国会也通过逐步解放黑奴的决议，奴隶主交纳的费用已与联邦政府财政政策不相符。

当时仍有些人认为总统对这个问题的操作不及时，他们坚持认为总统应该立即宣布结束奴隶制度。对这个问题，林肯在写给贺瑞斯 · 格里雷的一封信中做出了答复，这封信被刊登在《纽约论坛报》上：

“在这场斗争中，我的最高目标是拯救联邦而不是拯救或摧毁奴隶制。

“如果我能拯救联邦而不解放任何一个奴隶，我愿意这么做；如果为了拯救联邦需要解放所有的奴隶，我愿意这么做；如果为了拯救联邦而需要解放一部分奴隶而保留另一部分，我也愿意这样做。

“在奴隶制和黑人问题上我所做过的全部工作，是因为我相信那将有助于拯救联邦；我之所以克制着自己，不去做某些事情，是因为我认为那对拯救联邦没有帮助。

“我不会去做任何我认为对联邦有损的事，也不会做任何对联邦无益的事。

“一旦出现错误迹象，我愿尽全力去纠正；而对于表现出正确苗头的新观点、新方法，我也不吝于采纳。

“我出于职位职责而摆明自己的立场与意图，对于我经常讲到的所有地方的一切人都应获得自由这个个人愿望，我是决不放弃的。”

几个星期后，一位来自芝加哥的传教士拜见总统，就在全国范围内立即解放所有奴隶向他请愿。林肯用他一贯的方式回答：

“一份解放黑人奴隶的宣言究竟能带来什么好处呢？何况在国家当前这种状况下。如果我的话就能解放奴隶，难道不能让反叛各州服从国会的命令吗？现在，哪个法院、哪名地方官，或者哪个人肯听从这个命令？国会最近颁布的法令，对逃到我们阵营里来的逃奴提供保护，有什么理由能认为我发出‘解放奴隶宣言’会比这项法令给奴隶们带来更大的影响呢？

“现在我连在叛乱各州实施宪法都做不到，我的话又怎能使奴隶获得自由？……

“请不要误解我的意思。摆在我面前的明障暗礁使我无法用你所希望的方式来解决问题。

“我从没想过反对‘解放奴隶宣言’，但也不是要采纳人们建议的办法。我可以向您保证，任何人思考这个问题都没有我多，这个问题每日每夜都占据着我的全部心思。无论上帝对我有哪些昭示，我都会谨遵执行。”

战争一直处于胶着状态，林肯身边几乎没有人能看到势态有实质进展。国会任命了军事指挥委员会，但该委员会除了和总统保持一致外，简直没有任何作为。一些和平团体宣称，世间最坏的事莫过于把八百万人民置于一个暴君治下。内阁成员也意见相左。人们越来越不耐烦，有些人甚至毫不犹豫地大喊：“天哪，领导我们的人简直就是克伦威尔①！”

但林肯立志高远，不为外物所动，他的良心和判断力告诉他，自己所作所为是正确无疑的，“无论上帝对我有哪些昭示，我都会谨遵执行。”

① 克伦威尔（1599—1658），英国17世纪资产阶级革命领袖、政治家、军事家。1645年他开始执掌英国兵权。1649年他在人民压力下处死了国王查理一世，5月宣布英国为共和国，他成为实际军事独裁者。

14. 大事前夕

1862年盛夏时分，总统召集内阁会议，内阁成员都不知此次会议所为何事。等人员到齐时，林肯先生取出他很喜欢的书《阿特姆斯·华德[1]作品集》，翻到一页开始读陈腔老调的幽默故事和滑稽情节。之前这故事他读过不下几十遍，可今天仍似初读，对每一个风趣情节都开怀大笑。他的戏嬉态度和孩子气，让那些惯于肃穆的听众们既困惑又难以忍受。内阁成员们开始思忖总统是不是精神失常了。

读完一节，林肯把书合上并放回原处。在那一刻，他的整个神情——语调、眼神、面容都变了。屋里每个人不禁为总统当时的出众才能和神情而心存敬畏。

林肯开口说，他有件相当重要的事要告诉他们。他没想征求别人意见，似乎对事件已胸有成竹，但他还是想听听别人的建议。“势态不断变化，从最为困难的时刻，到了现在——我认为我们所从事的事业已近终点，我们必须改变战略，否则将一败涂地。我决定采取‘解放奴隶’政策，并且现在已有《解放宣言》初稿，请各位听一听。”

他开始宣读《解放宣言》内容。内阁大臣们洗耳倾听。

① 即布朗·查尔斯·法勒（1834—1867），笔名Artemus Ward，美国幽默作家。

PROCLAMATION OF EMANCIPATION

By the President of the United States of America.

SHALL BE FREE!

《解放宣言》

它宣告所有的奴隶都是自由的，包括在南方邦联政府治下的各州奴隶也是自由的。

宣言仅做了些轻微的改动。国务卿塞华德认为，在联邦的军队处处受阻时推出这样的宣言时机不利，他担心这样的宣言会被视为是“一个疯狂政府的穷途末技，一种寻求救助的哀啼”，担心它还会被视为“在退败时刻最耸人听闻的嘶叫”。为什么不等到联邦军队赢得几场胜利后，再将它公之于世呢？

总统听取了这个理智的建议，他把《宣言》暂且放在一边，而后耐心地等待最佳时机。

15．安提塔姆战役和《解放宣言》

短短几周之后，邦联政府弗吉尼亚州军队的统帅李将军就跨过波托马可河，长驱直入进犯北方。此举使得林肯总统下决心做一直想做的事。他郑重立誓，只要把李将军击退，他必发表《解放宣言》。

9月17日，规模最大的安提塔姆战役打响。邦联军队受到重创，被迫退回到波托马可河另一岸。南方军队的此次进犯使北方从最困难的境地中摆脱出来。

林肯得知此消息时，正在华盛顿附近的“士兵之家”办公。他自知时机已到，不再等待，迫不及待地坐下来，极其小心谨慎地起草《解放宣言》的第二稿，有的地方做些修正，有的地方增加几个关键词，或者删掉个别不合宜的字句。等一切就绪，他匆匆赶回华盛顿，急召内阁成员再次听取草稿。他是《解放宣言》的唯一作者，也将对这份宣言引发的一切后果负全责。“我必须尽我所能，”他说，“也将承担我应承担的一切责任。”

9月22日，星期一，距安提塔姆战役结束仅5天，林肯向全世界公开发表宣言。

“我，美国总统亚伯拉罕·林肯，依据合众国政陆海军总司令职权，正式命令并宣布……在公元一千八百六十三年元月一日，各州及州内地

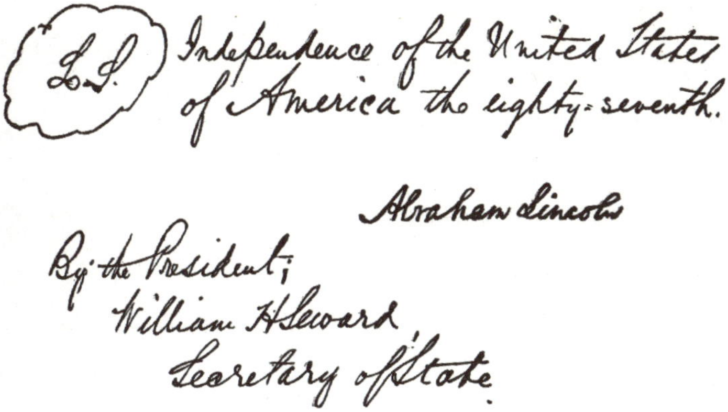

林肯在《解放宣言》上的签字

区，所有被蓄为奴隶的人，即时获得自由，并永享自由。”此即为《解放宣言》的要点和主旨。它还向所有分裂出去的各州——当然也包括蓄奴州，敞开了回归联邦的大门。

这不过是个初步宣言。1863 年元旦，正式的宣言公布了，这就是举世闻名的《解放宣言》：“根据我所拥有的合众国政陆海军总司令职权……为剿灭各叛乱州而采取适当与必须的军事手段……我正式命令并宣布，在上述指明的各州及州内地区，所有被蓄为奴隶的人，既获自由，并永享自由，合众国政府包括其陆海军当局，承认及维护上述人员之自由。”

如果这个宣言早发布六个月，人们大概根本不能接受它。而在这位北方最为明智的人一点一点的努力下，人们开始相信如果不把南方有碍统一的因素彻底消除，合众国难以重新统一。成千上万的人因这场战争疲惫不堪，厌倦支持那个总是造成错误和灾难的宪法，他们盼望着能有所变化。

然而有些极端分子却拼命叫嚷反对总统，并想方设法证明总统做的事极其愚蠢。心怀不满的北方政客们厉声指责、极力谴责《解放宣言》。

“这场战争的目的不再是拯救合众国！”他们叫嚷着，

"这是一场废奴主义战争——是一场为黑鬼们进行的战争！"

另一方面，一些废奴主义者们也对此不满，激烈反对，无论总统做过什么或者能做什么，他们都不满意。

"他其实是在逃避这件事。"一些人说。

"这个人太不诚实了！"说这话的人曾称林肯为"伊利诺伊州的猎奴手"。

"他做得不够到位，他还在讨好奴隶主势力！"激进主义者说。

反对意见处处可闻。如果那时举行一次公投，估计大多数自由州都会投票反对《解放宣言》。然而共和党的一个派系却鼎力支持总统；军队中官兵也对《宣言》热情赞扬；国会也支持他。他坚信自己在正确的时间、以正确的方法做了一件正确的事。他有何畏惧？

这项《宣言》并没有承诺给所有蓄奴州的奴隶以自由，该《宣言》对特拉华、马里兰、西弗吉尼亚、肯塔基以及密苏里等位于南北交界处的蓄奴制度未曾涉及。一些叛乱州的若干县、镇表示服从联邦政府，绝大多数地方仍像"从未有过《解放宣言》这回事"而保持原状。

但这无疑奏响了结束奴隶制度的序曲，没出几个月，几乎每个人都清楚地看到了这件事的深远影响。"在历史的前进中我们可以发现，林肯先生的宣言给奴隶制度以致命重创，它濒临死亡。宣言通过命令式、没有协商色彩的决定，而直接宣判其死亡。"

1865 年 1 月，奴隶制度在美国走到尽头。那天国会通过了美国《宪法》第十三条修正案，宣布："苦役或强迫劳役，除用以惩罚依法判刑的罪犯之外，不得在合众国境内或受合众国管辖之任何地方存在。"

于是，超过四百万之众的被奴役、被束缚者获得了自由权利。

16．局势逆转

北方的天空逐渐云开雾散，联邦军队不断获胜。也许他们今天遭遇失败，但明天他们就会以更大的胜利挽回损失。与此同时，南方邦联的军队却给养不足，节节败退。

尤里塞斯·辛普森·格兰特将军[①]在西南赢得几次大捷。在他心中不存在不可能之事。他围困住密西西比河岸最后的也是最坚固的堡垒威克斯堡，利用近五个月的时间，不惜尝试各种办法，攻取这个防御精良的地方。最后，7月4日，长期的围攻终于有了结果。南方士兵走出他们守护已久的城防，在防御工事前齐刷刷静悄悄地举手投降，北方士兵们也静悄悄地看着他们，心中则对迟来的胜利充满欣喜。整个密西西比河流域最后都被联邦军队占领，南方邦联被拦腰截成两半。

仍是在7月4日这个纪念日，

尤里塞斯·辛普森·格兰特

① 格兰特（1822—1885），有“常胜将军”之称，曾在南北战争期间屡建奇功。格兰特参与南北战争时已42岁，任上校团长。但短短的4年当中，他从上校升为中将，担任联邦军总司令。林肯在1864年3月任命他为主帅。格兰特迫使南方军总司令罗伯特·李投降。1868年，格兰特当选美国总统，是美国历史上第一位从美国军事院校（西点军校）毕业的军人总统，并于1872年获连任。

邦联军队在东部遭受重创，大举溃败。李将军已第二次尝试进犯北方，直入宾夕法尼亚。入侵者们在葛底斯堡与联邦军队猛烈交火。7月的前三天，葛底斯堡炮火肆虐，双方伤亡惨重。两千多名联邦士兵死伤，而南方的损失更大，因为他们储备不足，给养濒临枯竭。胜负在第三天终见分晓。南方战败，被迫撤退。那些幸存者们行动迟缓，临时决定退往弗吉尼亚。联邦军队指挥官米德将军紧紧追赶，但由于葛底斯堡之战损失惨重，他为避免另一场惨战而极为慎重地决定停止追赶敌军。

美国《哈珀周刊》上刊登的葛底斯堡之战场面

形势发生了逆转。南方邦联从葛底斯堡溃退那一天起，就已然陷入绝境。

林肯总统对米德将军按兵不动没有乘胜追击而给南方缓兵之机有所不满，他觉得如果米德没有中途止步，也许经过这一战役就能彻底结束这场旷日持久的战争。

“我亲爱的将军，”他致信米德将军，“我认为你并没有充分认识到李逃跑的严重后果，他当时就在你手边，你只需举手之劳便可抓住他，再加上你近来取得的其他胜利，我们可以把这场战争圆满地结束。而现在的情形却是，战争还将向着未知和不确定的方向延续。”

现在战争的确仍在延续，但新形势几乎种种方面都不利于南方。

此事十天后，总统签署了一项决议，将 8 月 6 日定为国家感恩节。他号召各地所有忠于祖国的人们在这一天，“向万能的上帝为国家利益所行的一切奇迹而致以敬意”。

10 月，林肯签署了另一项与之类似的重要决议，确定在 11 月的最后一个星期四这天，生活在这片土地上的所有人都要一起感谢上帝的仁慈。这就是感恩节的起源，如今，感恩节是 11 月份最重要的节日，是最受美国人喜欢的节日之一。自从 1863 年以后，每位美国总统都以林肯为榜样，都会宣布在 11 月的最后一个星期四这天，为上帝所行的一切奇迹而感恩。

葛底斯堡战场成为了巨大的陵园和国家公墓，以纪念那些为了祖国而牺牲自己生命的战士们。11 月 19 日国家公墓落成，举行了隆重而令人动容的典礼。林肯出席了典礼。当时最负盛名的公共发言人爱德华·埃弗雷特发表了内容感人的长篇演说。人们盼望林肯也作个适当的演说，最好篇幅长些、辞藻优美些。只见他站起身，摘下帽子，拿着一张小小的纸片，上面记载着他发言的几条要点。他的发言简明扼要——

“87 年前，我们的先辈在这个大陆上创立了这个崭新的国家，它孕育于自由之中，奉行人人生来平等的原则。

“现在，我们陷入一场巨大的内战中。这场战争给我们的国家带来了一个重大的考验，考验我们或任何一个孕育自由和奉行上述原则的国家能否长久地存续下去。我们相聚于这场战争中的一个重大战场上。烈士们为使这个国家能够生存下去献出了自己的生命。我们在此集会是为了能把这个战场的一部分奉献给他们作为最后的安息之所。这样的做法既合情合理，又非常必要。

“但从更广泛意义上讲，这块土地我们不能够奉献、不能神化，也不能圣化它。曾在这里战斗过的勇士们，无论他们幸存还是牺牲，已经

葛底斯堡林肯演说纪念碑

把这块土地神化，这远非我们的绵薄之力所能决定的。全世界将不会注意、也不会记住我们今天在这里说过的话，但世人永远不会忘记勇士们在这里做过的奉献。

“事实上，我们这些活着的人， 应该在此处投身于勇士们已经非常崇高地向前推进但至今尚未完成的伟大事业中。我们应该在这里投身于仍然摆放在我们面前的伟大任务中，是为了从这些光荣的死者身上汲取更多的献身精神，来完成他们曾倾情献身的事业；是为了使我们在这里下定最大的决心，不使这些死者的牺牲徒然无用；是为了使国家在上帝佑护下获得自由的新生，并使这个民有、民治、民享的政府永不凋零。”

这就是全文。这个简短的发言引发人们无尽的思索，但在当时却被忽略。人们普遍认为那位最有名望的演讲者爱德华·埃弗雷特才是那一天的主角。

“林肯的发言简直让人失望透顶。”塞华德先生说。

林肯本人也遗憾自己准备不充分，他对一个朋友说：“告诉你吧，那次演讲不是急就章，它是次彻底的失败。让人们失望了。”

但这次演说却渐渐地引起各阶层人士的关注，它成为一次最为著名并影响至今的重要演说。爱德华·埃弗雷特那篇幅冗长、辞章优美的演讲现在已被人遗忘，无人阅读，无人颂扬；但林肯的三分钟演说却跻身世界经典演说之列，但凡讲英语的地方，都有人阅读并赞美它，重读并思索它。美国其他任何演说辞都有可能被人遗忘，但人们仍会铭记林肯在葛底斯堡发表的演说。

林肯雕像

17．再次被提名为总统候选人

1864年，战争仍在缓慢进行，邦联政府已近穷途末路。各叛乱州的绝望情绪日益加深，南方人的苦难和穷困日益加剧。人们都清楚，如果没有外援相助，南方各州迟早会战败投降。时间转眼即到又一次总统大选之时。北方当时仍纷争不断。如果选出一个新总统——如果此人不惜任何代价而一心与南方息战，那么南方必然会重燃希望。如此一来，北方就要面对挫折，面对失败，面对国库虚空，面对一穷二白；而南方邦联的军队还会继续肆无忌惮地在大地上存续下去。

众所周知，林肯总统从不放过任何一个对南方表示仁慈宽厚的机会。换作他人，极可能会对联邦的敌人充满仇恨，可他却偏偏没有这种情绪。其他人希望能以强力的手段严惩那些叛乱者、卖国者以及所有武装反对联邦政府的人；但林肯的唯一希望却是拯救合众国政府而避免不必要的灾难和任何形式的报复。

他甚至愿向除主要官员和首领以外的所有南方人签署特赦令，只要他们能向合众国宪法和政府简单宣誓。他走得越来越远，甚至敦促通过一项法律，该法律认为奴隶主应该因为奴隶自由而获取一笔赔偿。

他奉行真正的基督伦理道义，在他看来，所有人都是弟兄，如果有谁犯错，强力者应怜悯同情。他对他们毫无偏见，在他的脑海中，根本

南部对林肯的丑化

没有"报复"这个词。

正如前文已提及的，北方人中有两群人永远不会对林肯满意。一群人是典型的激进废奴主义者，他们从反对奴隶制度已发展成为完全无理智地仇视憎恨南方。另一群人主要是那些愿意以合众国的灭亡来换取和平的人。林肯对南方的友好被曲解，他的建议——奴隶应赔付主人——引得不少曾在各方面都支持他的人们义愤填膺。

爱默生①写道：

快给主人赎金，
唉，一直溢出他的盆！
谁是主人？ 奴隶是主人，

① 拉尔夫·瓦尔多·爱默生（1803—1882），美国散文作家、思想家、诗人。

永远的主人。快给他赎金。

一些想以猛烈方式推进战争的共和党政客们，开始着手行动以阻止林肯再次被提名为总统候选人。他们声称他的政策一向“低能愚蠢且优柔寡断”，而时势需要一位强者来掌舵。贺瑞斯·格里雷撰文并发言反对林肯。温德尔·菲利浦则声称如果再次提名林肯，将意味着合众国的垮台，甚至结局比这个还糟糕。格兰特将军通过赫赫军功证实自己是国内最具才能的将领，也被视为是候选人热门人选。

林肯表示：“如果人们认为格兰特将军在这个位置上能很快终结叛乱，我愿意拱手让出职位。”

但格兰特将军与那些心怀异见的人并无纠葛，他宣称林肯应当再次当选。

少量激进分子最后聚在一起，决定提名约翰·蔡斯将军为总统竞选人。林肯闻知此事后，并得知那聚会规模很小，他取出《圣经》，翻开《撒母耳记上》读道：“凡受窘迫的，欠债的，心里苦恼的都聚集到大卫那里。大卫就做他们的头目，跟随他的约有四百人。”[①]

① 《圣经旧约·撒母耳记上》第22章第2节。

全国联邦党于6月召开全国大会，参加者主要是共和党人，但也有一些爱国的民主党人。会议于巴尔的摩市举行，决定提名林肯再次竞选他任职已久的国内最高职位。

田纳西州的安德鲁·杰克逊被提名为副总统竞选人。杰克逊本是南方人，出生在蓄奴州，本人也曾是奴隶主。但他却是联邦最为坚定的拥护者，是分裂主义最大的敌人之一。他已任田纳西州最高军事指挥官，他获得提名有助于赢得“主战民主党”的支持，尤其是南北边界处各州的那些人。

18. 统一还是分裂？

这年夏天，民主党全国大会在芝加哥召开[①]，会议提名乔治·B. 麦克莱伦将军为总统候选人。与会人员仅包括反对战争继续进行的民主党人，因为所谓的“主战民主党”已经表态支持林肯竞选，他们的选票也必然投给全国联邦党。“经历四年之久的失败，通过战争重建家园，”这次会议成员说，“我们必须通过最高会议形式或者其他可行的办法停止恶意对抗，结束战争，以联邦政府为基础重建和平家园。”

林肯沉稳地继续推进战争，因为非凡的判断力和坚定的信心告诉他，这是国家最好的出路。许多人建议应把战争进行到底，每个人都认为自己比总统聪明。但杰斐逊·戴维斯宣布如果北方不承认南方独立，就甭想让战争结束。他说：“北方人丧心病狂而且双目失明，他们不想让我们自治，那么战争必须打响。现在，这场战争不会停止，这一代人的最后一个倒在冲锋的路上，下一代会披上父辈的盔甲继续战斗，除非北方人承认我们邦联政府。我们不是为了蓄奴制度而战，而是为了独立而战，未来将会如何，让

① 1864年8月29日，民主党全国代表大会在芝加哥的威格沃姆大厦召开。四年前，林肯就是在这里被提名为总统候选人的。四年后来这里参加会议的，主要包括民主党主和派、辉格党人、无党派人士、保守派、赞成脱离的州权论极端派等。

我们拭目以待。”

林肯表示：“我们认为这次战争是为了实现一个目标，一个绝对有价值的目标，战争将持续至目标实现为止。上帝保佑，我愿不遗余力推进它，直至最后时刻。就眼前的总统大选而言，据悉格兰特将军曾说：‘如果战争持续整个夏天，我会一路坚持下去。’现在，战争已经持续了三年，人们刚刚开始或已经接受在整个国家民主的基础上重塑合众国权威的路线，这是为了全体美国人民的利益。就我的能力所及而言，即使战争还要持续三年，我仍会沿这条路继续前进。”

尤里塞斯·辛普森·格兰特将军

19. 再次当选总统

战时最后一个夏天过得相当缓慢。林肯始终不曾因对手的叫嚣而动摇，不曾被几千名批评者困扰，国家的巨轮在这位孤独的舵手的支撑下平稳地前进，他坚信这场暴风雨即将进入尾声。

惠特曼[①]曾这样描写林肯："几乎每天我都能见到总统[②]。天热时节他从不在白宫过夜，而是到一个有益于健康的地方度夏。那地方就是城北大约三英里处的'士兵之家'，一个军队基地。早晨约8点半，我看见他骑马经过我住处附近的弗蒙特林荫大道去办公。

"总有一队约25人或30人的骑兵卫队跟着他，这些卫兵身材挺拔，肩膀上扛着明晃晃的马刀。这支卫队无论制服还是胯下战马都很普通。林肯先生骑在一匹体形高大、步伐轻快的灰马上，穿着稍有褪色略沾尘埃的黑色外衣，戴一顶黑色直筒帽，穿着普通，和大街上的普通人一样朴素。走在他左边的是位披挂着黄绶带的中尉，后面是两两成行的穿着带有黄绶带夹克的卫队。

"通常他们一路小跑，步伐大小快慢取决于他们所护

① 惠特曼（1819—1892），美国诗人，代表作《草叶集》。他创造了一种受格律、韵脚的限制和束缚的新型诗体——自由体诗，从语言和题材上深刻地影响了20世纪的美国诗歌。美国南北战争期间，他写下了真实记录这场战争的《桴鼓集》；林肯总统被刺后，写下了沉痛而哀思的《啊，船长！我的船长》、《今天的军营静悄悄》等诗篇。

② 1863年，林肯往返城外的寓所时，碰巧经过惠特曼住的地方。

亚伯拉罕·林肯在华盛顿居住过的房屋

卫的人。时有马刀与饰物叮当作响，这支不修饰、不招摇的队伍小跑着前往拉法耶特广场，人们对此司空见惯，偶有几个好奇的外地人会驻足观望。我能清晰地看到亚伯拉罕·林肯那张深棕色的脸，那深深的皱纹，忧伤的眼睛，总使我陷入一种绵长的伤感中。

“初夏时节，偶尔会见到总统携夫人一同乘马车出去，那时多是下午时分，他们轻松地穿城而过。林肯夫人一袭黑衣，戴着长长的绉丝面纱。马车极为普通，车轭中仅有两匹马，此外再无其他装饰。

“他们曾有一次与我擦身而过。总统的整个脸庞清晰地映入我眼帘，当时他们的车速很慢，总统目光深邃，碰巧与我的眼光相遇。他向我躬身微笑。但在笑容的背后，我再次清晰地看到了他的深邃和忧伤。没有一个画家能画出他脸上那种微妙隐约而又深切的表情。此时若有两三个世纪以前的伟大画家，该有多好。”

11 月的大选如期而至。整个国家，林肯只失去三个州的选票。他得到 212 张选票，而竞选对手麦克莱伦仅得到 21 张。毫无疑问，林肯赢得了国民最大的认可和尊敬。敌人和对手的力量远比他的支持者们逊色，他们只好闭住嘴巴，让这位人民的总统把他认定的事进行到底。

林肯

20. 完成我们未竟的事业

战争结束之日已近。南方几乎完全受制于北方军力，常胜军的将领谢尔曼将军已跨过佐治亚州向海岸进军。查尔斯顿已易手北方，合众国的旗帜再次飘扬在萨姆特堡上空。在田纳西州，南方邦联军队在胡德将军指挥下败退几近覆灭。在弗吉尼亚州，格兰特将军围困彼得斯堡，并直逼邦联政府首都所在地里奇蒙。罗伯特·E. 李将军带着昔日所向披靡的队伍，正为保卫南方而进行最后的抵抗。

林肯第二次就职演说

1865 年 3 月 4 日，林肯发表了第二次就职演说。和在葛底斯堡演说相仿，这次演说仍然简明扼要，意味深长，思想简洁，感情真切，充满福音式手足情谊。没有一个字是为自己所推进的伟大胜利而吹嘘或欢呼，甚至比节节败退的南方还要低调。“这次演说庄

重肃穆，就像一位垂危的父亲给他的爱子们的最后忠告和祝福。”一位听众说。

这次演说如同最经典的言论将永远为人们铭记，并会在日后的岁月中不断被人们重复。各位读者也肯定多次读过它，每次阅读你都会有新的发现，或有新的值得铭记的感悟和思索。

“各位同胞：在这第二次就职宣誓典礼中，并不需要像第一次就职时那样发表长篇演说。四年前，详细介绍当时所要采取的方针政策很有必要。而现在，四年任期届满，在这四年中于战争的每个重要时刻和阶段——这场战争至今仍为全国关注、并且占用了国家的大部分力量——我经常发布文告，所以现在提不出什么新的主张。

“一切问题的关键在于军事推进问题，大家对其情形的了解并不亚于我，我相信继续进军可使全体人民获得满意和鼓舞。未来欣欣向荣，种种预测我就不在此赘言。

“四年前的今天，所有人的思想都焦虑地集中在一场即将来临的内战上。谁都害怕内战，谁都想尽办法去避免它。当我在这个地方作就职演说时，我就想尽量保存联邦而不诉诸战争，然而反叛分子的代理人却设法在这个城市里以不打仗的方式摧毁联邦——他们力图以谈判的方式来瓦解联邦，分享财物。

“双方都声称反对战争，可是有一方宁愿打仗而不愿让国家生存，另一方则宁可接受战争而不愿让国家灭亡，于是战争就来临了。

“我国有八分之一的人口是黑奴，他们并未遍布全国，而是分布于南方。奴隶可以带来特殊而重大的利益。大家都知道战争的原因就是维护这种利益与否。为了加强、永久保持并扩大这种利益，反叛分子不惜以战争来分裂联邦，而政府只不过要限制这种利益的地区扩张。

“任何一方都没有想到战争会发展到目前这么大的范围，持续这么长时间，也没有料到冲突的原因会随冲突本身终止而终止，甚至会在冲突本身终止以前而终止。双方都在寻求有保留的胜利，而不期盼有什么根本性的或惊人的结果。双方都诵读同样的《圣经》，向同一个上帝祈祷，甚至每一方都祈求同一个上帝的帮助以反对另一方。人们竟敢要求公正的上帝来帮助自己掠夺他人以血汗挣来的面包，这令人觉得不可思议。我们不必评判他人，以免他人来评判我们。双方的祈祷都无法如愿，而且从没有谁能全部如愿以偿。万能的上帝自有他自己的意旨：‘这世界有祸了，因为将人绊倒。绊倒人的事是免不了的，但那绊倒人的有祸了。’[①]

“如果我们认为美国的奴隶制度即是这种罪恶之一，而这些罪恶按上帝的意志又在所难免，但按上帝的旨意持续一段时间后，现在他要消除这些罪恶了。如果我们认为是上帝把这场惨烈的战争加在南北双方的头上，作为对那些作恶者的责罚，难道我们能因此而认为这有悖于忠实教徒们所描绘的上帝的那些圣德吗？

“我们殷切地希望，热忱地祈祷，愿这战争的严罚能很快过去。但是，如果上帝要让战争再继续下去，直到二百五十年来奴隶无偿劳动所积聚的财富化为乌有，直到用鞭子抽出来的每一滴血都要用刀剑砍出来的另一滴血来偿还，那么 3000 年前人们说过一句话，我们必须重温一遍：‘上帝的裁判总是正确和正义的。’

“我们对任何人都无恶意，我们对所有人都满怀慈善。上帝让我们看到哪一方正确，我们就坚信哪一方正确。让我们继续奋斗，以完成我们未竟的事业，去治疗国家的创伤，去照顾艰苦作战的战士和他们的遗孀遗孤，尽一切努力实现并维护我们国家之内以及我国与他国之间的公正和持久的和平。”

再没有哪次就职演说如此简短了，但在其他演说都被人们遗忘时，它仍留驻在人们心底，珍藏在人们记忆之中。“美国其他总统都没有在思想深处找到这样的语言。”

① 《圣经新约·马太福音》第 18 章第 7 节。

21. 在里奇蒙市

4月3日，格兰特将军进入邦联政府放弃的彼得斯堡，几乎在同一时间，李将军带着残兵败将离开里奇蒙。此刻，林肯已在首府等待多时，迅速与格兰特将军会面，两人并肩穿过彼得斯堡萧条的街道。次日晨，林肯没带随从，只带着幼子塔德，登上一艘政府军艇，前往威特泽尔将军刚刚攻克的里奇蒙市。

林肯和他的儿子塔德

林肯悄悄进入邦联政府陷落的首府里奇蒙，没有任何展示胜利的迎接仪式。城中混乱不堪，人们气势汹汹或醉醺醺地抱怨，房屋正在燃烧，获得解放的黑奴狂欢般享受自由。林肯不顾个人安危在街上穿行。天气闷热，他胸中思绪万千，有些“不知所措，内心饱受煎熬”。他一只手拿着帽子努力扇风，大滴的汗珠从他的头上和沧桑的脸上滑落。在他眼中，流露着一种遥远而疏离的感觉，仿佛他在看着另一个世界。

走在街上没一会儿工夫，那些黑人们就知道了这个个子高大、长相随和的陌生人就是“林肯总统”。人们热切地注视着他，群情踊跃地把他团团围住，跟在他身后，举起

亚伯拉罕·林肯纪念堂

帽子和手绢在空中挥舞，送上自己最好的祝福。年轻人载歌载舞，老年人则喜极而泣，到处都能听到“光荣啊！哈利路亚！”的赞美声。

一个老年黑人妇女抱着一个生病的白人小孩，孩子因受到周围喧嚣惊吓，正哭闹着要回家，但这善良的黑人妇女却努力让孩子盯着林肯看，她自己不敢这么做，只把孩子的视线和自己的身体转过来，以便孩子能完整地看到林肯。她极力劝孩子道：“快看啊，宝贝，看着那位救世主，你会有好运的。摸摸他的衣角，你的病就好啦。”

另一位黑人妇女兴奋得发疯，禁不住又蹦又跳，拍着手大喊：“赞美上帝！赞美上帝！赞美上帝！”

人们从四面八方拥来，他们围成一圈跳舞旋转，头碰头地庆祝，耳中全是呼喊声：

“上帝保佑主人林肯！”

“他是救主弥赛亚！肯定是！”

“啊，世界审判日到了！”

“我心里都是欢愉！”

“来吧，主啊，我们跟随你！”

“我看到了熊熊烈火！”

“我所有的苦难哀伤都没了！”

“耶路撒冷，我们神圣的家！”

“以后不会有罪恶和痛苦了！”

“愿上帝保佑你，林肯总统！”

总统闻此，神情尴尬，窘迫不安，他默默地向这些笨拙的朋友们躬身行礼，慢慢向前移动脚步。但街道上迅速挤满老百姓，以至于只好派一队士兵来给林肯开路。这些士兵一路护送他前往威特泽尔将军的新办公室。他不知道——也许他知道但没有留意——这个办公室在他匆匆赶来的前两天，还是南方邦联政府总统杰斐逊·戴维斯的办公室。几个小时后，林肯坐上为他准备好的头把椅子，这把椅子正是邦联总统在书桌旁写作时坐的。

22. 4月14日，星期五

4 月 9 日，李将军在阿波马托克斯法院向格兰特将军投降。快要饿死的邦联士兵享受了征服者提供的配餐，每名邦联军官还获准保留随身武器、挎包和马匹。三天后，这支曾经驰骋国内给联邦军队最旷日持久最勇猛打击的军队，彻底解散了，使国家凋敝的长达四年的恶战终于结束了。

合众国获救了，这正是亚伯拉罕 · 林肯的伟大业绩。

林肯遇刺

4 月 14 日是基督教世界中救世主耶稣的殉难日。这天下午，总统从他承担许久的重担中解脱出来，携夫人驾车出行。此时他精神抖擞，脸上带着数年来从没有过的欢愉谈笑着。妻子没有理解他此时的心情，竟心生忧虑，她半带责备地说 :“你这副神情，我以

林肯陵墓

前只见过一次，就是在我们的威廉死之前。”

当天晚上林肯夫妇和几个朋友前往剧院看戏。十点钟刚过，一个已被人遗忘名字的刺客进入总统就座的包厢。人们的注意力都在戏剧上，谁也没有留意他的出现。他把手枪对准总统头部后面并开枪，随即跳上舞台大喊：“专制的魔王！南方复仇！”而后刺客跑到幕布后面，从舞台后门夺路而逃。

林肯总统倒下了。他双目紧闭，没有看到、没有听到、也没有感觉到发生了什么事。一双双友爱的胳膊抬着他，直奔附近的一家民居。但那时，已没有任何希望了。

次日清晨七点二十分，守在他床边的医务观察人员宣布林肯已去世。

整个国家都为他哭泣。南方人和北方人同样地悲痛。那些曾和他作对的人，那些诽谤过他的人，此时突然意识到他是个多么不一般的人——他的智慧是那么深远，心地是那么温厚，行为又是那么正确。世界的每一个角落都陷入了最深切的哀悼中，国内每一寸土地上都是悲痛、赞美和爱的缅怀。

他的遗体被运回斯普林菲尔德，那个被他从分裂和毁灭中拯救出的国家的人们为他竖起了墓碑。当在墓碑上建成的林肯纪念馆落成题词时，格兰特将军真挚的话语道出了所有爱国者的心声："他的死，使这个国家失去了最伟大的英雄；他的死，使南方失去了最正直的朋友。"

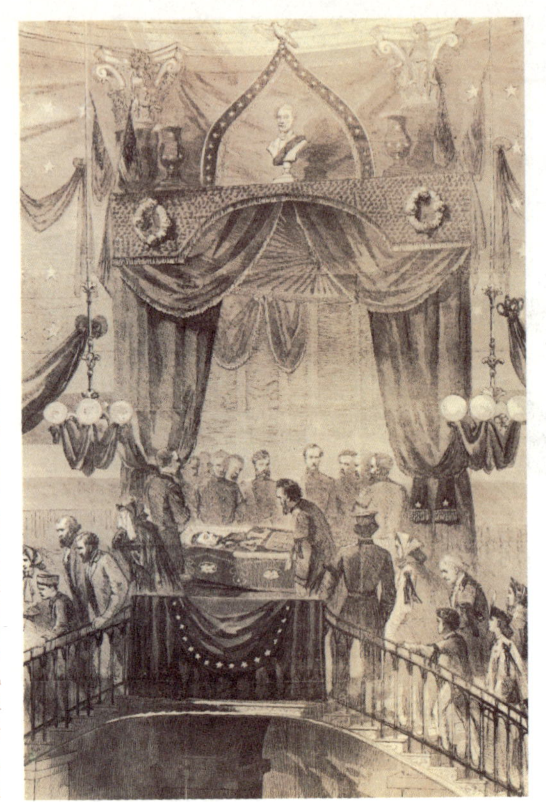

《哈珀周刊》特意为林肯的葬礼设立了专栏

23. 悲　歌

“白发好诗人”沃尔特·惠特曼，就是我们前文提过的那位经常在战时夏季看到总统骑着马走过华盛顿街道的诗人，将总统比做英勇而睿智的船长，掌控着国家命运之舟，穿过内战的疾风骤雨和艰难险阻——

哦，船长，我的船长！险恶的航程已终，
船儿渡过惊涛骇浪，至上的奖赏我们已获。
港口近了，我听到了钟声，人们在欢呼呐喊，
注视着我们从容返航，我们的船威严而且无畏。
可是，心啊！心啊！心啊！
哦，殷红的鲜血滴落流淌，
我的船长躺在甲板上，
他浑身冰凉，双目紧闭。

哦，船长，我的船长！起来吧，听听钟声吧，
起来，——为你，旌旗招展——为你，号角长鸣，
——为你，花束、彩带、花环飘飞，
——为你，人群挤满了海岸，多少张殷切的脸在转动。

在这里，船长！亲爱的父亲啊！
让你的头枕上我的手臂吧！
这是一场梦啊，你倒在甲板上，
他浑身冰凉，双目紧闭。

我的船长没有回答，他的嘴唇苍白而紧闭。
我的父亲感觉不到我的手臂，
他再没有脉搏跳动，没有知觉意愿，
我们的航船已安然抛锚，险恶的航程已终，
胜利的船从险恶的旅途归来，我们寻求的已赢得手中。
哦，海岸沸腾！哦，洪钟轰鸣！
可我却只能移动悲伤的步履走向甲板，
我的船长躺在甲板上，
他浑身冰凉，双目紧闭。

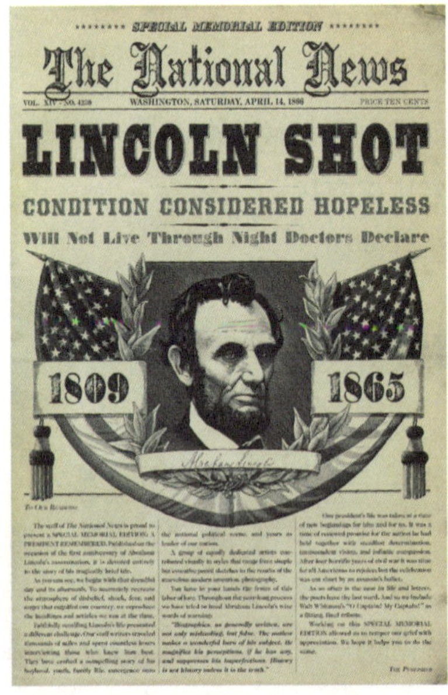

SPECIAL MEMORIAL EDITION

The National News

WASHINGTON, SATURDAY, APRIL 14, 1866

PRICE TEN CENTS

LINCOLN SHOT

CONDITION CONSIDERED HOPELESS

Will Not Live Through Night Doctors Declare

1809 1865

林肯逝世一周年纪念报纸

译 后 记

“亚伯拉罕·林肯”这个名字和“民主”、“自由”等伟大词语密不可分。作为美国最伟大的总统之一，他敏锐的洞察力和深厚的人道主义理念、使他成为古往今来世界上最伟大、最有魅力、影响最深远的卓越政治家之一。

这本《林肯传》是詹姆斯·鲍德温为美国中学生所写的一本课外读物。它围绕林肯的出生、成长、经历，从美利坚合众国成立之始的政治理念，疆域扩张时的纷争，一直写到长达四年的内战结束。全文语言简练，措辞精当，不偏不倚，如牧师向教友布道般平和、真实。相比其他同类作品，它还有几个亮点：首先，该书对林肯人格魅力的描写洋溢着神性的光环。我们知道，基督伦理中的平等、博爱、民主、自由等思想是人类几千年历史中结出的最为璀璨的智慧之果，它吸引着无数仁人志士为之献身，它同时也让每一次牺牲充满荣光和价值。林肯出身贫寒，勤奋好学，一生心地纯正，在世界面前保持着清教徒般的执著和虔诚。他在言谈中多次提及“上帝的指引”，他把自己的生命完全奉献给了他所追求的真理。无休无止地勤学、思索、工作，他用自己的一生践行着超越民族、种族、贫富、地域等界限的崇高理念，引领一个摇摇欲坠的年轻国家，走向世界强国之列的道路。马克思曾这样评价林肯：“这是一个不会被困难所吓倒，不会为成功所迷惑的人；他不屈不挠地迈向自己的伟大目标，而从不轻举妄动；他稳步向前，从不倒退……总之，他是一位达到了伟大境界而仍然保持自己优良品质的罕有人物。这位出类拔萃和道德高尚的人竟是那么谦逊，以至只有在他成为殉道者倒下去之后，全世界才发现他是一位英雄。”其次，对美国疆土西扩时期和内战前夕的重要政治家——“小巨人”斯蒂芬·道格拉斯的描写，公正而准确。作者对道格拉斯毫无讥讽之意，更无刻薄之词，充分肯定了道格拉斯的人格魅力以及道格拉斯与林肯的友谊，全书没有对那一时期的任何政治家或政客们做主观臆断的人身攻击，而是客观展现那一时期活跃在美国政坛上的诸多政治家的风采。另外，本书对林肯太太着墨不多，在其他作品中她被描绘成贪慕虚荣、自私自利、沉湎于物欲的形象，在这本书中她只出场两三次，也只是为了正面衬托林肯。本书从容的文风，客观的立场，公正的评价，有助于读者准确而深入地回溯历史，而不致陷于激情的偏见和刻薄的影响中。

林肯的生平真实映射出变革时代的美国历史。林肯的精神和境界，以及他所信奉的民主、自由、公正、人道主义理念，正是解开一个贫弱国家何以在百余年内雄起世界之谜的线索。

本书力求忠于原书风格，准确表达出字里行间的立场、文风、语气，为更好地完成詹姆斯·鲍德温的心愿——写给中等水平读者。为方便读者阅读，译文对一些重要人名、地名、事件做了必要的注释。由于译者水平有限，差误之处难免，祈望学界师友多多批评指正。

王　水

附 录

亚伯拉罕·林肯（Abraham Lincoln）资料

姓　名：亚伯拉罕·林肯(Abraham Lincoln)

绰　号：忠实亚伯（Honest Abe）；

伊利诺伊州劈栅栏木条的人（Illinois Rail—Splitter）

出生日：1809 年 2 月 12 日

出生地：肯塔基州哈丁县

生活地：伊利诺伊州

去世日：1865 年 4 月 15 日

去世地：华盛顿

死　因：被枪击谋杀

父　亲：托马斯·林肯

母　亲：南茜·汉克斯·林肯

继　母：沙拉·布什·林肯

夫　人：玛丽·托德(1818—1882)，于 1842 年 11 月结婚

孩　子：罗伯特·托德·林肯(1843—1926)

爱德华·贝克·林肯(1846—1850)

威廉·华莱士·林肯(1850—1862)

托马斯·塔德·林肯(1853—1871)

宗　教：没有正式加入任何宗教，但基督教对他影响至深

教　育：没有受过正规教育

职　业：律师

政　党：初为辉格党，后为共和党

亚伯拉罕·林肯（Abraham Lincoln）生平年表

1809年　2月12日，出生于肯塔基州哈丁县一个穷苦木匠家中。

1819年　母亲去世。

1830年　举家迁居伊利诺伊州。

成年后开始独立谋生，做过农场短工、船夫、店员、邮差、土地测量员等。

1834年　当选伊利诺伊州州议员。

1836年　通过常年自学终于成为律师。

1842年　与玛丽·托德结婚。

1846年　当选为美国众议员，并逐渐成为辉格党的领袖之一。

1854年　共和党成立，林肯成为领导者之一。同年堪萨斯内战爆发。

1858年　发表著名演说《家庭纠纷》，要求限制奴隶制度扩张。

1860年　作为共和党候选人，当选为美国第16任总统。

1861年　3月4日宣誓就职。同年，南部7个州的代表脱离联邦，宣布独立，自组邦联政府，分裂美国。林肯决定用武力维护联邦统一，南北战争爆发。

1862年　9月，起草“解放奴隶宣言”草案。

1863年　1月，正式发布《解放宣言》，宣布废除奴隶制，解放黑奴。

1864年　11月8日他再次当选为美国总统。

1865年　4月9日，南方军队投降。

4月14日晚，在华盛顿福特剧院遇刺。

4月15日清晨，在华盛顿去世。时年56岁。葬于斯普林菲尔德。